国家自然科学基金青年项目"中国企业对外直接投资的来源国劣势克服机制研究：基于'认知创业'视角"（71902131）；国家自然科学基金重点专项"数据市场化配置规律及其对数据价值释放的影响机理研究"（72442026）；国家自然科学基金面上项目"国家间数字环境差异与中国跨国企业海外数字风险研究：影响机制、情境因素与应对战略"（72272105）

数字经济时代
数字企业国际化研究

杨勃　戎珂　著

人民出版社

责任编辑：张　蕾
封面设计：汪　莹

图书在版编目（CIP）数据

数字经济时代数字企业国际化研究 ／ 杨勃，戎珂著.
北京 ：人民出版社，2025. 8. -- ISBN 978 - 7 - 01 - 027542 - 0

Ⅰ . F279. 2

中国国家版本馆 CIP 数据核字第 2025A5G255 号

数字经济时代数字企业国际化研究
SHUZI JINGJI SHIDAI SHUZI QIYE GUOJIHUA YANJIU

杨 勃　戎 珂　著

人 民 出 版 社 出版发行
（100706　北京市东城区隆福寺街 99 号）

中煤（北京）印务有限公司印刷　新华书店经销

2025 年 8 月第 1 版　2025 年 8 月北京第 1 次印刷
开本：710 毫米×1000 毫米 1/16　印张：14.5
字数：150 千字

ISBN 978 - 7 - 01 - 027542 - 0　定价：65.00 元

邮购地址 100706　北京市东城区隆福寺街 99 号
人民东方图书销售中心　电话 （010）65250042　65289539

目　　录

前　言 ……………………………………………………………… 1

第一章　数字企业 …………………………………………… 1

　　第一节　数字企业的历史演进与内涵 …………………… 1

　　第二节　数字企业的特征 ………………………………… 4

　　第三节　数字原生企业与数字化转型企业 …………… 8

第二章　数字企业国际化理论研究 ………………………… 11

　　第一节　数字企业国际化的驱动因素 …………………… 13

　　第二节　数字企业国际化的过程机制 …………………… 22

　　第三节　数字企业国际化的结果表现 …………………… 27

　　第四节　数字企业国际化的情境因素 …………………… 33

第三章　数字企业国际化对传统国际商务理论的影响 … 39

　　第一节　对内部化理论的影响 …………………………… 39

　　第二节　对国际生产折衷理论的影响 …………………… 43

第三节　对国际化过程理论的影响 ……………………… 46

第四节　对网络理论的影响 ………………………………… 49

第五节　对资源基础观的影响 ……………………………… 52

第六节　对制度理论的影响 ………………………………… 55

第四章　国家间数字环境差异 …………………………………… 58

第一节　传统国家间环境差异 ……………………………… 59

第二节　数字经济时代国家间数字环境差异 ………… 66

第五章　数字环境差异对数字企业国际化的影响与

应对策略 ……………………………………………… 74

第一节　数字环境差异对企业国际化的影响 ………… 74

第二节　数字环境差异的应对策略 ……………………… 83

第六章　东道国数据安全感知对数字企业合法性的

影响 …………………………………………………… 93

第一节　跨国企业合法性 …………………………………… 93

第二节　数据安全感知对数字企业合法性的影响 …… 98

第三节　数据安全感知的应对策略：认知创业 ……… 101

第四节　数字企业数据安全与合法性研究结论与

启示 ………………………………………………… 105

第七章　生态系统战略与数字企业国际化 ………… 115

第一节　生态系统理论 …………………………………… 115

第二节　母国生态链接与海外生态启动 …………… 120

第三节　母国生态链接与海外生态资源优化…………… 122

第四节　母国生态与海外生态的动态循环…………… 124

第八章　资源编排战略与数字企业国际化 ………… 128

第一节　数字资源、互补性资源与资源编排理论 ……129

第二节　数字资源和互补性资源的编排机制 …………133

第九章　低股权并购战略与数字企业国际化 ………… 140

第一节　跨国并购股权结构选择………………… 141

第二节　松散耦合理论………………… 142

第三节　低股权跨国并购的影响因素………………… 144

第四节　低股权跨国并购的价值创造………………… 151

第十章　人工智能与数字企业国际化 ………… 156

第一节　人工智能给数字企业国际化带来的机遇 …… 157

第二节　人工智能给数字企业国际化带来的挑战 …… 161

第十一章　全球治理与数字企业国际化 ………… 167

第一节　逆全球化与数字企业国际化………………… 167

第二节　绿色全球化与数字企业国际化………………… 169

第三节　全球治理体系变革与数字企业国际化………… 171

第十二章　中国数字企业国际化:情境与展望 ………… 173

第一节　中国情境的特殊性………………… 176

第二节　国际化驱动因素的独特性………………… 177

第三节 国际化战略的独特性 ……………………… 180

第四节 国际化环境的复杂性 ……………………… 185

第五节 中国情境下的理论检验和构建 ……………… 186

结 语 ……………………………………………… 190

附 表 数字企业国际化相关文献 ………………… 194

参考文献 ………………………………………… 202

前　　言

　　党的二十大报告强调,加快发展数字经济,促进数字经济和实体经济深度融合,打造具有国际竞争力的数字产业集群。作为数字经济的微观市场主体,数字企业(digital firms)在推动数字经济高质量发展进程中扮演着关键角色。数字企业是指以数字技术和数据要素为核心生产要素,通过数据驱动、平台化运营和智能化决策实现价值创造的新型组织。数字企业凭借其数字创新能力、数据驱动优势以及灵活的商业模式,不仅是数字技术创新的源头,更是促进数字经济发展、加快形成新质生产力的重要力量。与传统企业相比,数字企业高度依赖数字技术和数据资产,并呈现虚拟化、轻资产化、平台化、生态化、智能化等特征,这些特征也使其在经营战略、产品性质、组织架构、业务流程、价值创造等方面与传统企业存在显著差异。因此,对数字企业进行研究具有重要的理论和现实意义。

　　数字企业国际化得到国际商务、国际贸易和战略管理等领域学者的广泛关注。理论界普遍认为,数字企业天然具有跨国属性,能够借助互联网、数字平台等"数字渠道"连接全球市场,快速实现全球化扩张。当前,数字企业国际化已成为推动数字经济全球化发展的重要驱动力,有助于促进全球数字技术创新合作和扩散,加速数据跨国流通,激发数据要素价值,推动形成全球数字创新网络。同时,数字企业的独特性也使其在国际化动机、区位选择、扩张战略等方面与传统跨国企业存在显著差异,这些差异也蕴含扩展传统理论的机遇。

然而,当前理论界对数字企业国际化的研究滞后于实践,相关研究存在内容碎片化、理论视角单一、缺乏系统性框架等不足。同时,主流国际商务理论主要基于传统跨国企业,学术界对传统理论能否有效解释数字企业国际化现象缺乏共识。一些研究认为数字企业的独特性深刻重塑了企业国际化战略、流程、结构和商业模式等(Bhatti 等,2022)①,需要对传统理论进行修正、扩展甚至颠覆。但也有学者认为,数字企业国际化并未从根本上颠覆传统理论,需要对传统理论进行继承(Hennart,2019)②。

从中国情境看,近年来中国数字企业国际化快速发展,并成为全球数字市场的重要参与者,如字节跳动、阿里巴巴、腾讯等。中国政府高度重视数字经济和数字企业国际化发展。早在2021年7月,中华人民共和国商务部、中央网络安全和信息化

---

① Bhatti, W. A., Vahlne, J. E., Glowik, M., et al., "The Impact of Industry 4.0 on the 2017 Version of the Uppsala Model", *International Business Review*, Vol.31, No.4, 2022, p.101996.

② Hennart J., "Digitalized Service Multinationals and International Business Theory", *Journal of International Business Studies*, Vol.50, No.8, 2019, pp.1388−1400.

委员会办公室、工业和信息化部就联合印发《数字经济对外投资合作工作指引》,鼓励中国数字企业加快海外布局,融入全球数字经济产业链,打造具有全球竞争力的数字跨国企业。中国数字企业国际化不仅有助于中国整合利用全球数字创新资源,促进数字要素全球流动,也有助于提升中国在全球数字领域的话语权和影响力。亟待构建完善且具有前瞻性的理论体系,为中国数字企业国际化提供理论指导。

　　本书聚焦数字经济时代数字企业国际化的基本理论和典型实践开展研究,共分为十二章。

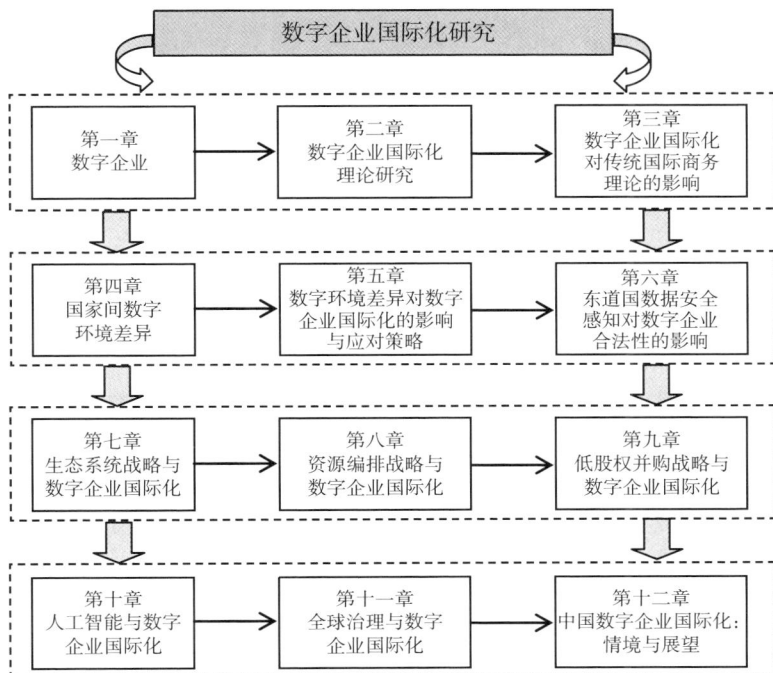

第一章至第三章对数字企业的内涵、历史演进和特征进行刻画,重点对数字企业国际化的前沿理论文献进行系统研究,并归纳数字企业国际化对传统国际商务理论的拓展和重构机制。

第四章至第六章重点关注数字经济时代涌现出的新型环境差异:国家间数字环境差异(数字距离),并探讨数字环境差异对数字企业国际化的影响机制及其应对策略。

第七章至第九章探讨数字企业国际化的关键战略,包括生态系统战略、资源编排战略以及低股权并购战略,阐释数字企业国际化战略的独特性。

第十章至第十二章对数字企业国际化的未来发展趋势进行理论探讨和展望,关注人工智能(技术)、新型全球化(环境)对数字企业国际化的影响,并探讨中国数字企业国际化的独特性(情境)与未来研究方向。

本书得以顺利出版离不开许多人的帮助和支持。第一章至第五章、第十二章、第十三章由戎珂和杨勃共同完成;第六章由杨勃、张锦和张鹏完成;第七章由杨勃、郭东旻、仝慧杰完成;第八章由杨勃、张昕宇和张鹏完成;第九章由杨勃、马雪斐和高亚璐完成;第十章由杨勃和高亚璐完成;第十一章由杨勃和仝慧杰完成。本书早期内容得到了很多专家学者的指导,特别感谢东北大学杜晓君教授、南开大学许晖教授、浙江工商大学陈衍泰教授、深圳北理莫斯科大学白汶松教授、北京大学邓子梁教授、天津财经大学齐俊妍教授、天津财经大学耿伟教授、天津财经大学冯永春教授、广东工业大学吴小节教授、北京大学张鹏翔教授、清华大学徐志浩教授。本书在成稿过程中也得到了清华大学"戎队"成员的理论启发,包括同济大学周迪博士、英国布里斯托大学康正瑶博士、英国杜伦大学施新伟博士、瑞典斯德哥尔摩经济学院李谭卉一博士、对外经济贸易大学郝飞博士、北京工商大学陈丽莉博士、北京工商大学李婷婷博士、福建师范大学黄成博士、安徽财经大学杜薇博士;清华大学廖凯诚博士后、寇宏伟博士后、塔拉博士后、陈文威博士后、张晓艳博士后、杨甜茜博士、王恩泽博士、田晓轩博士、吕若明博士、凌昀舒博士、刘嘉宸博士、王杰鑫博士。此外,感谢国家自然科学基金(71902131、72442026、72272105)对本书的支持。由于时间仓促,书中错误和不足在所难免,恳请广大读者批评指正。

第一章　数字企业

　　企业是经济发展的微观基础。作为数字经济时代涌现出的新型组织,数字企业凭借其独特性和广泛影响力正在重新定义企业的内涵和本质。本章对数字企业的历史演进、内涵、特征和类型进行研究,为后续探讨数字企业国际化奠定基础。

第一节　数字企业的历史演进与内涵

　　纵观企业发展历史,每一次经济形态的更迭都重塑了企业基因。在农业经济时代,企业以家庭作坊、手工工场为主,生产依赖于人力和自然力,核心资源是土地与劳动力。蒸汽机技术引发的第一次工业革命将人类从农业社会带入工业社会,并催生了工业企业,如铁路公司、采矿公司和纺织企业等。电力技术、内燃机和化工技术引发的第二次工业革命进一步将人类带入"电气时代",大量新型工业企业不断涌现,如电力公司、汽车制造商等。随后,信息技术、生物和航天技术推动形成的第三次工业革命进一步加速经济全球化发展,催生了大量高科技公司,如 IT 公司、生物科技公司、新能源企业。当前,以人工智能、区块链、云计算、大数据为代表的新一代数字技术蓬勃发展,并将人类带入数字全球化时代。数字技术的快速发展和广泛渗透不仅对宏观经济和社会发展产生深刻影响,同时也在微观层面深刻重构了企业的战略、结构、组织边界和竞争逻辑,重新定义企业的本质。

数字企业是伴随数字技术和数字经济发展涌现出的新型组织,当前学者们从不同维度对数字企业进行了定义。阿尔—萨马维等(Al-Samawi 等,2019)[1]认为数字企业是指利用数字技术运营核心业务流程的公司。莫纳汉等(Monaghan 等,2020)[2]将数字企业定义为依托互联网开展生产、运营和产品交付等过程的公司。皮克拉斯(Piqueras,2020)[3]认为数字企业是指任何

---

[1]　Al-Samawi, Y. A., "Digital Firm: Requirements, Recommendations, and Evaluation the Success in Digitization", *International Journal of Information Technology and Computer Science*, Vol.11, No.1, 2019, pp.39-49.

[2]　Monaghan, S., Tippmann, E., Coviello, N., "Born Digitals: Thoughts on Their Internationalization and a Research Agenda", *Journal of International Business Studies*, Vol.51, No.1, 2020, pp.11-22.

[3]　Piqueras, S., "Digital Internationalizing Firms (Dif's): A Systematic Literature Review and Future Research Agenda", *Piccola Impresa/Small Business*, Vol. 2, 2020, pp.24-60.

使用互联网和其他数字技术向客户提供产品和服务的在线运营公司。瓦达纳等（Vadana 等，2020）①从价值链视角定义数字企业，认为数字企业是指绝大多数内向价值链（如创造、生产）和外向价值链（如交付、营销）都实现了数字化的企业。

从上述定义可见，数字技术是数字企业得以建立的根本条件，也是数字企业进行生产、运营和产品交付的基础。数字技术为数字企业的诞生和发展提供了基础设施。同时，数字企业主要借助数字技术生产和销售无形的数字产品和服务，或为用户提供基于互联网的虚拟交易平台，其产品和服务通过互联网等虚拟空间生产和交付。因此，很多数字企业也被称为"虚拟企业"。例如，从产品交付方式看，数字企业主要通过互联网等虚拟渠道交付产品和服务，只要用户接入互联网就能消费数字产品，因此，位于全球不同地区的用户能够以极低的成本及时获取数字企业提供的产品和服务。与此同时，数字产品和服务的交付几乎不需要中介机构，企业可以直接向最终用户交付，这也显著降低了产品交付成本。此外，数据要素驱动和平台化商业模式也是数字企业的核心特征，数字企业往往通过数据驱动、平台化运营和智能决策实现价值创造，企业通过建立开放性平台生态体系实现跨组织协作与资源共享，快速响应市场变化。

---

①　Vadana, I. I, .Torkkeli, L., Kuivalainen. O., et al., "Digitalization of Companies in International Entrepreneurship and Marketing", *International Marketing Review*, Vol.37, No.3, 2020, pp.471–492.

第二节　数字企业的特征

　　作为一种新型组织,数字企业与传统工业企业存在显著差异,主要包括高度数字化、低成本化、轻资产化、广泛连接性、网络化、平台化和生态化等,如表1-1所示。数字企业的独特性也是导致其国际化不同于传统跨国企业的重要因素。

表1-1　数字企业的特征及其与传统企业的区别

特征	特征内涵	数字企业举例	传统企业	传统企业举例
高度数字化	数字企业的核心业务、商业模式、核心能力是高度数字化的;企业高度依赖数字技术、数字基础设施和数据资产	优步(Uber):核心业务是数字技术、平台和生态,而非司机和汽车	数字化程度较低,较少采用数字技术;即使开展数字化转型,但核心业务、商业模式、核心能力仍然是非数字化形式	福特汽车:虽然也开展数字化转型,但核心业务、商业模式与核心能力仍然是非数字化形式
低成本化	数字企业的交易成本更低,包括空间成本、时间成本、信息成本、生产/销售成本、协调成本等	优步:不需要在海外购买汽车和雇佣员工,大大降低成本	传统企业国际化面临较高的空间成本(如交通成本)、时间成本(如时差和远距离运输)、沟通成本等	福特汽车:需要花费大量资金在海外建立生产基地,招聘当地员工;产品跨国生产和运输的成本较高
轻资产化	数字企业的实物资产占比显著低于传统企业,具有显著的轻资产运营特征	优步:不需要购买汽车,雇佣员工	传统企业多为"重资产"企业,需要在当地购买土地、厂房、设备等,前期投入较大	福特汽车:企业国际化需要在海外投入大量实物资产,如厂房、生产设备、流水线员工、物流中心、销售中心等

续表

特征	特征内涵	数字企业举例	传统企业	传统企业举例
广泛连接性	数字技术和平台将全球不同国家和地区的用户、企业、合作伙伴和其他参与者连接在一起	优步:借助数字平台与全球数亿用户、司机和互补者建立联系	虽然传统跨国企业也与大量全球消费者、合作伙伴、供应商等建立联系,但其数量和规模明显低于数字企业	福特汽车:虽然也与很多利益相关者建立了连接,但主要借助物理渠道建立连接,且连接数量有限
网络化、平台化和生态化	数字企业国际化不再是单个企业的国际化,而是需要在东道国建立数字网络、平台和生态系统	优步:高度依赖网络效应和数字平台生态	虽然也会构建商业网络和生态,较少通过平台化模式运营,且生态合作伙伴有限	福特汽车:网络化主要表现为福特与海外子公司、合作伙伴、消费者之间的网络,网络规模有限,网络参与者的类型较为稳定

资料来源:作者整理。

第一,高度数字化。作为数字经济时代的产物,数字企业高度依赖数字技术、数字基础设施和数据资产,离开了数字要素的支持,数字企业将不存在。相反,虽然越来越多的传统企业也开始采纳数字技术来提升效率和绩效,但脱离了数字要素,传统企业仍然可以生存。例如,虽然亚马逊和沃尔玛都从事零售业务,但亚马逊必须依赖数字要素才能完成交易,而沃尔玛可以通过线下完成交易。在企业国际化方面,数字企业主要通过数字技术、数字平台和生态系统等虚拟渠道实现国际化扩张,其核心业务、产品、商业模式、价值链都高度数字化,而传统跨国企业主要借助物理渠道开展国际化。数字技术在数字企业国际化过程中扮演着核心角色,帮助数字企业跨越空间界限,快速连接全球市场。数字资产是数字企业国际化核心竞争优势的来源,如字节跳动国际化的核心竞争力来自独特的人工智能算法和大数据技术。

第二,低成本化。与传统企业相比,数字企业能够借助数字技术显著降低交易成本,包括空间成本、时间成本、信息成本、生产/销售成本、协调成本等。作为一种通用目的技术,数字技术能够显著降低生产和交易成本。数字技术的高度渗透性、广泛连接性、虚拟化等特征使得数字企业国际化较少受空间距离约束和限制,这允许数字企业以更低的成本、更快的速度开展国际扩张。

第三,轻资产化。与传统工业企业和实体企业的"重资产"特征相比,数字企业具有显著的"轻资产"特征,这使得数字企业能够以更少的资产和员工实现运营,实物资产占比显著低于传统企业。从企业国际化看,传统企业国际化是一种重资产国际化,前期需要投入大量资产,在海外建立子公司和分支机构,如生产基地、营销子公司等。数字企业利用虚拟的数字技术和平台以及当地互补性资源开展经营,其自身并不需要拥有大量实物资产。同时,数字企业的无形资产(数字技术、品牌、知识产权等)占比显著高于传统跨国企业。基于此,学者们将数字企业国际化称为"精益国际化"(lean internationalization)。轻资产特征使得数字企业国际化能够以更快的速度、更大的规模实现国际化,并降低国际化风险。

第四,广泛连接性。数字技术和平台有助于数字企业将位于全球不同国家和地区的用户、合作伙伴和其他参与者连接在一起,让地理分散、类型多元化的不同参与者实现实时跨国连接和互动。数字企业借助数字技术、平台和生态系统在全球范围内配置资源、构建网络关系并实现与利益相关者的互动,与全球范围内的用户(消费者)、合作伙伴、互补者和其他利益相关者建立网络关系,这也使得数字企业更容易在全球范围内整合资源,构建数字生态系统。

第五,网络化、平台化和生态化。当前,越来越多的数字企业开始呈现网络化、平台化和生态化特征,在全球范围内构建自己的数字平台和生态系统,或加入已有平台和生态。例如,字节跳动构建的数字平台连接全球十多亿用户和互补者,这些参与者位于全球不同国家和地区,逐步形成庞大的数字生态系统。对于数字平台企业而言,平台自身往往并不生产最终产品,而是由用户创造产品(如视频、社交内容或实物产品),平台仅提供交易场所、技术支持和其他相关服务。因此,数字平台企业对用户和互补者的依赖性显著高于传统企业。

第三节　数字原生企业与数字化转型企业

数字企业可以分为狭义数字企业和广义数字企业。狭义数字企业是指"数字原生企业"(digital natives)或"天生数字企业"(born digitals),是指从诞生之日起就基于数字技术和数据要素运作的企业。广义数字企业不仅包括数字原生企业,还包括数字化转型企业。联合国贸易和发展会议(United Nations Conference on Trade and Development,UNCTAD)认为数字原生企业主要包括四类:互联网平台企业(如 Uber、滴滴)、数字方案解决商(如 PayPly、支付宝)、数字内容公司(如 YouTube、腾讯游戏)、电子商务企业(如亚马逊、阿里巴巴)。数字原生企业从成立之初就具备数字化特质,依托数字技术和数据要素构建以数字连接、数字协同和人工智能学习为核心的组织能力,具备数字原生、网络效应、大数据驱动和快速创新等特征(许晖等,2024)[①],这些特征使数字原生企业具有战略灵活性和组织协调性。

数字化转型企业则是指通过应用数字技术(如云计算、大数据、人工智能、物联网等)来改造其业务模式、运营流程和客户体验,以提升效率、创新商业模式、增强竞争力的企业。以海

---

① 许晖、孙懿、杨勃:《天生全球化数字企业:概念内涵、理论基础与快速扩张机制》,《研究与发展管理》2024 年第 3 期。

尔集团为例,作为典型的数字化转型企业,海尔打造了 U+智慧家庭平台,将传统家电产品与互联网、物联网、大数据技术结合,推动家电产品智能化,构建智能家居生态。海尔还应用数字技术对供应链进行优化,利用大数据和物联网技术提高生产效率和供应链响应速度。

尽管当前越来越多的企业已经开展数字化转型,但数字化转型企业与数字原生企业仍然存在较大区别。伯金肖(Birkinshaw,2022)①认为数字原生企业之所以不同于数字化转型企业,是因为它们没有"前互联网时代"(pre-Internet world)构建的遗留基础设施(legacy infrastructure),这些公司从诞生起就借助数字技术连接全球市场,其创始人往往具备"默认全球化"(global by default)的视野和认知。相反,传统企业在数字化转型过程中可能受原有业务模式、技术架构、组织结构和企业文化的限制,这些历史包袱难以在短期内完全消除。

并且,数字原生企业的核心业务是数字化形式的。核心业务是指一个公司最关键、价值创造最多且不会被外包的活动。例如,尽管都从事汽车运输业务,传统出租车公司的核心业务是利用汽车和司机为乘客提供服务,而 Uber 的核心业务是利用数字平台为用户提供数字化的出行服务,其自身并不直接参与

① Birkinshaw,J.,"Move Fast and Break Things:Reassessing IB Research in the Light of the Digital Revolution", *Global Strategy Journal*, Vol. 12, No. 4, 2022, pp.619-631.

汽车的购买和司机雇佣(司机并非 Uber 的员工,汽车也非 Uber 的资产)。此外,虽然一些数字企业也向用户交付传统实物产品(如亚马逊),但这些公司的核心业务是为用户提供数字服务,自身并不生产实物产品。

此外,数字原生企业更具可扩展性(scalable)和灵活性(flexible)。可扩展性是指数字原生企业具备将业务扩展到全球市场并形成更大规模经济的潜力。例如,数字产品和服务往往是虚拟化的,这使其不受地理距离的约束,很容易以极低的成本复制给全球任何地区的用户。同时,数字产品和服务往往具有较强的网络效应,一旦达到特定规模,就能形成正向网络外部性,并吸引更多参与者加入。灵活性是指数字原生企业能够更加灵活地配置和协调资源,并根据环境变化快速调整企业战略和业务(Monaghan 等,2020)。

第二章　数字企业国际化理论研究

数字企业国际化是当前国际商务领域的热点研究议题。本章通过对相关前沿文献进行系统研究发现,当前研究主要关注数字企业国际化的驱动因素(技术因素和企业内部动因)、过程机制(市场进入模式、国际化战略态势、扩张战略、区位选择)、情境因素(宏观因素、微观因素)以及结果表现(国际化结果表现、国际化绩效)等。

本章采用系统性文献综述方法对数字企业国际化相关文献进行检索、筛选、综合、统计和分析。与传统文献综述方法相比,系统性文献综述方法强调透明、结构化和全面的文献检索,并要求对研究结果进行规范化整合(formal synthesis)(Bearman 等,2012)[①]。文

① Bearman,M.,Smith,C.D.,Carbone,A.,et al.,"Systematic Review Methodology in Higher Education",*Higher Education Research & Development*,Vol.31,No.5,2012,pp.625-640.

献检索和筛选包括四步。

第一步,在 Web of Science、Google Scholar、中国知网(CNKI)等数据库中以"数字国际化"(digital internationalization)、"数字企业国际化"(digital firm/enterprise internationalization)、"互联网/电子商务企业/平台企业国际化"(internet/e-commerce/platform firm internationalization)、"数字跨国企业"(digital multinational enterprises)、"数字全球化"(digital globalization)等为关键词,检索组织管理领域主流期刊上的相关文献。在检索时间方面,本章主要关注近 10 年(2015—2024 年)发表的研究成果,有助于考察前沿数字技术(如人工智能、大数据、物联网、云计算等)对数字企业国际化的影响。通过多数据库、多关键词检索,共检索到 691 篇相关文献(英文 561 篇、中文 130 篇)。

第二步,阅读文献标题、摘要、结论等内容,剔除关联性较低的文献(如仅背景涉及数字化与国际化,但主要研究内容并不涉及数字企业国际化,或仅仅从宏观层面探讨数字化与国际化,但并未深入到企业层面的文献),剔除文献 605 篇,保留 86 篇。

第三步,进一步阅读上述 86 篇文献,从文献的参考文献中进一步识别相关文献,共获得 125 篇文献。

第四步,进一步阅读上述文献,剔除与研究主题相关性较小的文献,并保留权威期刊,如 *Journal of International Business Studies*(JIBS)、*Journal of World Business*(JWB)、*International Business Review*(IBR)等,或核心内容为数字企业国际化的其他重要

文献。通过上述检索过程,最终共获得 79 篇核心文献,感兴趣的读者可见附表。

第一节 数字企业国际化的驱动因素

一、技术驱动因素:数字技术对数字企业国际化的使能

数字技术是催生数字企业的核心要素,也是推动数字企业国际化的关键力量。数字技术是将各种模拟信号转化为计算机能够识别的二进制数字并进行运算、加工、存储、传输、还原的技术,具有虚拟性、无国界性、广泛连接性、可重新编码、通用目的性、智能化等特征(Yoo 等,2010[①];Nambisan 等,2017[②])。虚拟性是指数字技术将各类信息转化为计算机可存储、传输和分析的数字形式,进而创造一个与物理世界并行的虚拟空间。虚拟性特征使企业可以在虚拟空间开展经营,打破空间距离限制,降低交易成本。无国界性(country agnostic)是指数字技术不受空间距离

---

① Yoo, Y., Henfridsson, O., Lyytinen, K., "The New Organizing Logic of Digital Innovation: An Agenda for Information Systems Research", *Information Systems Research*, Vol.21, No.4, 2010, pp.724-735.

② Nambisan, S., "Digital Entrepreneurship: Toward a Digital Technology Perspective of Entrepreneurship", *Entrepreneurship Theory and Practice*, Vol.41, No.6, 2017, pp.1029-1055.

约束,在理论上可以广泛传输到全球任何国家和地区,且传输成本几乎为零(Kallinikos 等,2010)①。无国界性为企业将业务拓展到海外市场提供了便利,也催生了大量天生全球化企业。广泛连接性(connectivity)是指数字技术将个人、企业与全球用户(消费者)、供应商、分销商、技术合作伙伴和其他利益相关者紧密联系在一起,实现信息和资源的高效流动和交换。

可重新编码性(reprogrammability)是指数字技术可以根据需要被重新修正和更新,或添加新元素、删除现有元素(Ojala 等,2018)②,这使得数字产品可以在不完全成熟情况下及时推向市场,并在后续进行持续更新和迭代。通用目的技术相对于特定目的技术(即仅适用于特定场景的技术),是指数字技术能够被广泛应用于多行业和多场景(Carlsson,2004)③,显著降低企业交易成本。智能化是人工智能技术发展的结果,使企业能够实现智能决策和自动化运营。

已有研究主要关注互联网、云计算、大数据、区块链、人工智能等技术对企业的影响(见表2-1)。

---

① Kallinikos, Ioannis, Aleksi Aaltonen, Attila Marton, "A Theory of Digital Objects", *First Monday*, Vol.15, No.6, 2010, pp.1-22.

② Ojala, A., Evers, N., Rialp. A., "Extending the International New Venture Phenomenon to Digital Platform Providers: A longitudinal Case Study", *Journal of World Business*, Vol.53, No.5, 2018, pp.725-739.

③ Carlsson, Bo., "The Digital Economy: What is New and What is Not?", *Structural Change and Economic Dynamics*, Vol.15, No.3, 2004, pp.245-264.

表 2-1　主要数字技术及其对企业的影响

数字技术	核心功能	特征	对企业的影响
互联网	将世界各地的计算机、服务器和其他数字设备连接在一起,实现信息共享、交流和传输	开放性、虚拟化、广泛连接性、无国界性	打破空间距离限制,显著降低企业的市场交易成本;借助互联网,企业能够与客户、供应商、分销商等建立广泛连接,整合全球资源;通过互联网快速向用户提供产品和服务
云计算	提供计算和存储等服务,将计算、存储、网络等资源进行虚拟化,提高资源利用率	灵活性、虚拟化、可扩展性、广泛连接性	显著降低企业数字基础设施成本,为企业提供价格低、计算能力强、按需付费、灵活调用的计算和存储服务;同时,有助于企业实时、快速地向用户提供数字产品和服务,增强业务灵活性和用户体验感;促进企业知识和数据的获取、转移和共享
大数据	大规模数据收集和分析,挖掘数据价值,辅助科学决策	数据规模大、类型多元化、准确性、价值低密度	大数据可以帮助企业精准了解、预测、分析和评估市场环境和消费者偏好,识别新的市场机会,降低交易成本和市场不确定性;通过分析用户的大型非结构化数据(如在线评论),以提高服务质量和企业竞争力
区块链	提高信息透明度和信任,确保信息的真实性和准确性,降低交易成本	去中心化、不可篡改、安全性高	区块链技术提高了企业与合作伙伴之间信息共享和处理的透明度和信任程度,降低交易成本,提升交易效率。企业通过区块链技术监督合作伙伴行为,降低机会主义行为
人工智能	模仿人类认知和智能,作出智能化决策	智能化、自主性(不依赖人)	帮助企业自主学习市场环境和消费者行为偏好,快速积累经验知识,自主作出营销决策,为用户提供智能化服务

资料来源:作者整理。

早期文献聚焦互联网,认为互联网能够显著降低交易成本,提高企业信息搜集、传输、分析和整合能力(Amit 和 Zott,2001)[1],降低企业与利益相关者之间的信息不对称(Luo 等,2005)[2]。2006 年提出并迅速发展的云计算技术凭借其高灵活性、可扩展性等优势得到了学者们的关注。云计算技术能够显著降低企业数字化建设和转型成本,为企业提供价格低、计算能力强、按需付费、灵活调用的计算和存储服务。云计算有助于企业实时、快速地向用户提供数字产品和服务,增强数字业务的灵活性和用户体验感(Ahi 等,2022)[3]。同时,云计算技术能够提升企业资源管理能力,促进企业在全球范围内进行知识(数据)转移和共享,提升企业竞争优势。大数据技术帮助企业加强科学决策并改进战略制定。传统上,企业依靠市场调查来了解海外客户需求并获得产品反馈,但大数据技术使企业可以通过分析海量用户的大规模非结构化数据(如在线评论)来提高服务质量,提升企业竞争力(Ahi 等,2022)。

---

[1] Amit R., Zott C., "Value Creation in E-business", *Strategic Management Journal*, Vol.22, 2001, pp.493-520.

[2] Luo, Y., Zhao, J. H., Du, J., "The Internationalization Speed of E-commerce Companies: An Empirical Analysis", *International Marketing Review*, Vol.22, No.6, 2005, pp.693-709.

[3] Ahi, A. A., Sinkovics, N., Shildibekov, Y., Sinkovics, R., Mehandjiev, N., "Advanced Technologies and International Business: A Multidisciplinary Analysis of the Literature", *International Business Review*, Vol.31, 2022, No.4, p.101967.

区块链技术是一种不可篡改、安全可信的去中心化分布式公共账本,使企业能够存储和共享过去的行为记录。区块链技术可以提高企业与合作伙伴之间的信息透明度,促进信息交换和共享。企业可以通过区块链技术监督员工和合作伙伴的行为,降低机会主义行为,进而提升企业与用户、合作伙伴之间的信任水平(Ahi 等,2022)。近年来,随着新一代人工智能技术(如 ChatGPT、DeepSeek)的快速发展,人工智能对组织创新、企业能力、可持续竞争力的影响得到了广泛关注(Krakowski 等,2023[①];Gama 和 Magistretti,2025[②])。与其他数字技术相比,人工智能技术的核心特征是"智能化"和"自主性",能够辅助甚至替代人类完成复杂任务,自主作出决策,提高生产效率(Ahi 等,2022;Stadnicka 和 Antonelli,2019[③])。人工智能技术帮助企业自动化监控市场环境变化,快速积累经验知识,精准感知和识别市场机会(许晖等,2024[④]);机器学习算法为企业深入了解用户行为偏好、快

---

① Krakowski S., Luger J., Raisch S., "Artificial Intelligence and the Changing Sources of Competitive Advantage", *Strategic Management Journal*, Vol. 44, No. 6, 2023, pp.1425−1452.

② Gama F., Magistretti S., "Artificial Intelligence in Innovation Management: A Review of Innovation Capabilities and A Taxonomy of AI Applications", *Journal of Product Innovation Management*, Vol.42, No.1, 2025, pp.76−111.

③ Dorota Stadnicka, Dario Antonelli, "Human − robot Collaborative Work Cell Implementation through Lean Thinking", *International Journal of Computer Integrated Manufacturing*, Vol.32, No.6, 2019, pp.580−595.

④ 许晖、孙懿、周琪:《新"品牌"故事:数字企业快速国际化进程中价值创造机制研究》,《华东师范大学学报(哲学社会科学版)》2024 年第 5 期。

速开发和改进产品提供了前所未有的机会（Mihailova，2023①）。

文献研究表明，数字技术对数字企业国际化的使能作用主要包括四个方面。第一，数字技术为数字企业国际化提供新渠道。传统跨国企业主要通过跨国并购、绿地投资等"物理渠道"进入海外市场，为海外用户提供有形产品和服务。而数字企业主要借助互联网、数字平台等"数字渠道"（digital channel）进入海外市场（Nambisan 和 Luo，2021）②，为海外用户提供虚拟的数字产品和服务（如 Facebook、TikTok），或通过互联网和平台为用户交付实物产品（如亚马逊、阿里巴巴）（Piqueras，2020）③。

第二，数字技术显著降低了数字企业国际化的成本，包括空间成本、时间成本、信息成本、生产成本、销售成本、协调成本等。作为一种"通用目的技术"（general purpose technology）（Autio 等，2021）④，数字技术能够显著降低生产和交易成本，使市场交

---

① Mihailova，I.，"Business Model Adaptation for Realized International Scaling of Born-digitals"，*Journal of World Business*，Vol.58，2023，p.101418.

② Nambisan，S.，Luo，Y.，"Toward a Loose Coupling View of Digital Globalization"，*Journal of International Business Studies*，Vol.52，No.8，2021，pp.1646-1663.

③ Piqueras，S.，"Digital Internationalizing Firms（Dif's）：A Systematic Literature Review and Future Research Agenda"，*Piccola Impresa/Small Business*，Vol.2，2020，pp.24-60.

④ Autio，E.，Mudambi，R.，Yoo，Y.，"Digitalization and Globalization in a Turbulent World：Centrifugal and Centripetal Forces"，*Global Strategy Journal*，Vol.11，No.1，2021，pp.3-16.

易主体之间的交互实现实时、可见和可控（Trittin-Ulbrich 等，2021①）。数字技术的虚拟化特征使数字企业国际化较少受空间距离的约束和限制，显著降低国际化成本（Luo，2021②）。例如，数字产品和服务可以通过互联网几乎无成本地向海外客户交付。

第三，数字技术有助于数字企业以"轻资产"（asset-light）方式开展国际化，降低企业国际化门槛和风险。与传统工业企业的"重资产"特征相比，数字企业具有显著的"轻资产"特征（Parente 等，2018），能够以更少的海外资产和员工实现国际化（詹晓宁、欧阳永福，2018③）。数字企业利用数字技术和东道国当地互补者资源开展国际化，其自身并不需要投入大量实物资产，进而降低了国际化的门槛和风险。

第四，数字技术有助于数字企业连接全球市场，形成全球性的数字生态系统。数字技术创造了一个"超级连接"的全球市场（Shaheer 等，2022④），将全球不同国家和地区的用户、合作伙伴和其他利益相关者连接在一起，让地理分散、类型多元的参与

---

① Hannah Trittin-Ulbrich, Andreas Georg Scherer, Iain Munro, Glen Whelan, "Exploring the Dark and Unexpected Sides of Digitalization: Toward a Critical Agenda", *Organization*, Vol.28, No.1, 2021, pp.8-25.

② Luo Y., "New OLI Advantages in Digital Globalization", *International Business Review*, Vol.30, No.2, 2021, p.101797.

③ 詹晓宁、欧阳永福：《数字经济下全球投资的新趋势与中国利用外资的新战略》，《管理世界》2018 年第 3 期。

④ Shaheer, N., Kim, K., Li, S., "Internationalization of Digital Innovations: A Rapidly Evolving Research Stream", *Journal of International Management*, Vol. 28, No.4, 2022, p.100970.

者实现跨国连接和互动（Stallkamp 等,2022[1]）。在数字化时代,连接资源比拥有资源更重要,数字企业借助数字技术在全球范围内广泛访问、获取和整合用户、互补者和合作伙伴的信息和资源,推动生态系统的形成和发展（Birkinshaw,2022）[2]。当前越来越多的数字企业开始在全球范围内建立数字生态系统（Nambisan 等,2019）[3],容纳不同国家和地区的参与者,也为其他企业（如阿里巴巴的卖家）实现国际化提供新路径（邬爱其等,2021）[4]。

第五,人工智能技术推动数字企业的运营决策智能化,并对其国际化产生深刻重构（Santos 和 Williamson,2024）[5]。借助智能化技术,数字企业能够自动识别海外用户的需求变化,自主监控用户需求和外部环境变化,并根据需求变化及时调整产品和服务;通过人机协同,数字企业可以充分利用机器智能和人的智慧实现更高效、更科学的决策（Ahi 等,2022）。

[1] Stallkamp M., Hunt R. A., Schotter A. P. J., "Scaling, Fast and Slow: The Internationalization of Digital Ventures", *Journal of Business Research*, Vol.146, 2022, pp.95–106.

[2] Birkinshaw, J., "Move Fast and Break Things: Reassessing IB Research in the Light of the Digital Revolution", *Global Strategy Journal*, Vol.12, No.4, 2022, pp.619–631.

[3] Nambisan S., Zahra S.A., Luo Y., et al., "Global Platforms and Ecosystems: Implications for International Business Theories", *Journal of International Business Studies*, Vol.50, No.9, 2019, pp.1464–1486.

[4] 邬爱其、刘一蕙、宋迪:《跨境数字平台参与、国际化增值行为与企业国际竞争优势》,《管理世界》2021 年第 9 期。

[5] Santos, José F. P., Peter J. Williamson, "Beyond Connectivity: Artificial Intelligence and the Internationalisation of Digital Firms", *Information and Organization*, Vol.34, No.4, 2024, p.100538.

二、内部驱动因素:企业国际化动因

数字企业国际化不仅由技术因素驱动,也来自企业内部动机。国际化为数字企业带来诸多潜在益处,包括更广泛的海外用户(消费者),更先进的数字技术、知识、人才资源等战略性资源。首先,获取海外用户是数字企业国际化的重要驱动因素,因为用户是数字企业的核心资产,他们既是最终消费者,也是价值共创者和资源提供者。例如,社交平台的内容均是由用户创造和上传,平台自身并不生产内容产品。因此,数字企业国际化具有明显的市场寻求型动机,更倾向于进入用户规模大的市场(Parente 等,2018)①。其次,获取海外战略性资产也是推动数字企业国际化的重要动因。蒋殿春和唐浩丹(2021)②的研究发现,中国企业数字型跨国并购具有显著的技术寻求动机,东道国丰富的数字技术和研发资源是中国企业跨国并购的核心驱动力。与传统跨国企业相比,数字企业更关注数字资产,如前沿的数字技术、数据资产、研发人才等。最后,关于效率寻求型动机,数字企业更关注东道国数字资源的质量而非成本,很多数字企业选择"本地生产、数字传输"的商业模式开展国际化(蒋殿春、

---

① Parente, R. C., Geleilate, J., Rong, K., "The Sharing Economy Globalization Phenomenon: A Research Agenda", *Journal of International Management*, Vol. 24, No. 1, 2018, pp.52-64.

② 蒋殿春、唐浩丹:《数字型跨国并购:特征及驱动力》,《财贸经济》2021 年第 9 期。

唐浩丹,2021),或借助东道国当地互补性资源开展经营(如Uber 利用东道国当地的汽车和司机),对当地生产要素的成本并不敏感,因此,相对于传统跨国企业,数字企业国际化的效率寻求型动机明显降低。

第二节　数字企业国际化的过程机制

数字企业国际化的过程机制包括市场进入模式(如何进入海外市场)、区位选择(进入哪些市场)、国际化战略态势(全球一体化还是地区本土化)、市场扩张战略(如何拓展市场)等方面。

一、市场进入模式:传统模式与非传统模式的组合

传统跨国企业主要采取传统国际市场进入模式,包括出口、许可、特许经营、对外直接投资等。数字企业国际化往往采取"非传统市场进入模式"(non-traditional entry modes),如虚拟存在(virtual presence)、管理生态系统(managed ecosystem)等(Brouthers 等,2022)①。虚拟存在是指数字企业借助互联网、手

---

① Brouthers, K. D., Chen, L., Li S., et al. "Charting New Courses to Enter Foreign Markets: Conceptualization, Theoretical Framework, and Research Directions on Non-traditional Entry Modes", *Journal of International Business Studies*, Vol. 53, No. 12, 2022, pp.2088-2115.

机 App 等"数字渠道"进入国际市场,为海外用户提供服务,并不物理性地进入海外市场,也不需要在海外市场建立实体存在。管理生态系统模式是指数字企业向海外市场提供数字基础设施并培育生态系统,吸引当地用户和互补者加入生态系统(Brouthers 等,2022)。

尽管如此,数字企业也会根据需求使用传统进入模式,如对外直接投资。托尔坎普等(Stallkamp 等,2023)[1]认为,尽管在理论上数字企业可以通过数字渠道向海外销售数字产品,不需要在海外建立实体机构,但现实中文化距离和地理距离使得数字企业不得不通过传统的对外直接投资(Foreign Direct Investment,FDI)方式建立或获取当地互补性资源(往往是非数字化的资源),来支持数字产品和服务(如阿里巴巴在东南亚投资物流)。因此,数字企业往往组合使用传统和非传统市场进入模式。

二、区位选择:以用户和数字资源为中心

已有研究表明,影响跨国企业区位选择的因素包括东道国市场规模、要素禀赋、劳动力成本、交通成本、东道国政策、产业集聚、制度距离、文化差异等(Dunning,1980)[2]。数字企业国际

---

[1]　Stallkamp, M., Chen, L., Li, S., "Boots on the Ground: Foreign Direct Investment by Born Digital Firms", *Global Strategy Journal*, Vol.13, No.4, 2023, pp.805-829.

[2]　Dunning, J. H., "Toward an Eclectic Theory of International Production: Some Empirical Tests", *Journal of International Business Studies*, Vol. 11, No. 1, 1980, pp.9-31.

化的区位选择与其国际化动因紧密相关。市场（用户）寻求型的数字企业更倾向于进入东道国数字市场规模较大的国家，获取当地用户（Parente 等，2018）[1]。战略资产寻求型的数字企业更倾向于进入数字资源更丰富的国家，获得数字技术、人才和创新资源（蒋殿春、唐浩丹，2021）。此外，沙希尔和李（Shaheer 和 Li，2020）[2] 认为数字企业应该首先进入领先市场（lead markets），通过洞察当地用户的异质性或重叠性需求不断迭代和升级数字技术，并将领先市场作为进入其他市场的跳板。约纳塔尼（Yonatany，2017）[3] 认为，数字平台企业应该进入具有合适互补者的国家，因为平台企业高度依赖当地互补者。此外，数字企业更容易呈现地理集聚，即运营集中在个别国家，但用户广泛分布在全球不同国家。

三、国际化战略态势：技术全球化+运营本土化

数字企业通常综合多种因素选择国际化战略态势（interna-

---

① Parente,R.C.,Geleilate,J.,Rong,K.,"The Sharing Economy Globalization Phenomenon:A Research Agenda", *Journal of International Management*, Vol. 24, No.1,2018,pp.52-64.

② Shaheer, N. A., Li, S., "The Cage Around Cyberspace? How Digital Innovations Internationalize in a Virtual World", *Journal of Business Venturing*, Vol.35, No.1,2020,p.105892.

③ Yonatany, M., "Platforms, Ecosystems, and the Internationalization of Highly Digitized Organizations", *Journal of Organization Design*, Vol.6, No.1, 2017, pp.1-5.

tional strategic posture），即在全球一体化和本土化之间抉择或保持最佳平衡。托尔坎普和肖特（Stallkamp和Schotter，2021）[①]认为，数字平台企业会根据网络外部性来选择国际化战略态势，即具有跨国网络外部性的平台企业更可能采用全球一体化战略，而不具备跨国网络外部性的企业由于无法转移网络资源，同时为了适应当地异质性环境而倾向于选择本土化战略。另外，数字企业往往采取"技术全球化＋运营本土化"相结合的混合型战略：一方面，数字技术（如人工智能推荐算法）属于非区位限制的企业特定优势，不受距离约束，采取全球标准化有助于数字企业发挥其数字技术能力和独特的商业模式；另一方面，数字产品和服务的具体内容往往高度本地化（如TikTok用户上传的视频），且不同国家在法律、文化、价值观、市场结构等方面存在显著差异，企业需要通过本土化战略吸引当地用户创造符合当地需求的产品。然而，伯金肖（2022）却认为数字企业应该优先考虑全球一体化战略，并尽可能淡化当地反应能力。

四、市场扩张战略：以用户战略和互补者战略为主

从具体的市场扩张战略看，"用户战略"（即如何吸引海外

---

① Stallkamp, M., Schotter, A. P. J., "Platforms Without Borders? The International Strategies of Digital Platform Firms", *Global Strategy Journal*, Vol.11, No.1, 2021, pp.58–80.

用户)和"互补者战略"(即如何吸引当地互补者)是数字企业国际化的典型战略(Shaheer 和 Li,2020;Rong 等,2022①)。特别是对数字平台企业(如社交网络平台、电子商务平台)而言,用户和互补者是平台最重要的资产,平台需要尽可能快地吸引当地用户和互补者加入平台,获得市场份额和先发优势,形成正向网络效应(Parente 等,2018;Rong 等,2022)。布鲁瑟斯等(Brouthers 等,2016)②基于网络理论和创新扩散理论对 iBusiness 的国际化扩张进行解释,归纳出 6 类用户获取战略,包括利用已有用户的网络规模、网络多样性、对用户进行激励、使用基于互联网的大众传媒、意见领袖、寻求变革代理人。沙希尔和李(2020)综合从需求端(demand-side)和供给端(supply-side)探讨数字企业的国际化战略:在需求端,数字企业应该首先进入领先市场,充分洞察用户需求不断升级和改善自身数字技术;在供给端,数字企业需要同时具备数字技术能力(帮助企业满足用户需求)和营销能力(帮助企业在不同国家推广数字技术)来吸引东道国用户和互补者。

---

① Rong,K.,Kang,Z.,Williamson,P. J.,"Liability of Ecosystem Integration and Internationalisation of Digital Firms",*Journal of International Management*,Vol. 28,No. 4,2022,p.100939.

② Brouthers,K.D.,Geisser,K.D,Rothlauf,F.,"Explaining the Internationalization of Ibusiness Firms",*Journal of International Business Studies*,2016,Vol. 47,No. 5,pp.513-534.

此外,数字企业可以通过社交共享战略(social sharing strategy)和虚拟社区战略(virtual community strategy)来应对国家差异对数字企业国际化带来的负面影响(Shaheer 和 Li,2020)。社交共享战略是指鼓励当前用户在社交媒体上发布他们对数字创新的个人使用情况的商业实践,这一战略有助于企业将用户作为代言人,向新用户宣传数字创新;虚拟社区战略旨在将数字创新的当前用户转变为贡献者或补充者,使用户能够实现互动。

第三节　数字企业国际化的结果表现

数字企业国际化的结果主要包括国际化结果表现和国际化绩效。其中,国际化结果表现主要是为海外用户提供数字产品和服务,或构建数字平台和生态系统;在国际化绩效方面,数字企业通常具有更高的国际化绩效,但也会面临失败风险。此外,国际化速度也是数字企业区别于传统跨国企业的重要方面。

一、国际化结果表现

第一,为海外用户提供数字产品和服务。传统跨国企业主要将有形商品进行海外生产和销售,而数字企业主要向海外用户提供虚拟的数字产品和服务（Stallkamp 等，2022[①]；Li 等，2022[②]）。数字产品和服务通过互联网等虚拟渠道在全球范围内销售（Cahen 和 Borini，2020[③]；Nambisan 和 Luo，2021[④]），打破了物理空间的束缚（Autio 等，2021[⑤]），企业可以在世界任何具备数字基础设施的地方生产和交付（Kotha 等，2001[⑥]；Parente 等，2018[⑦]；Luo 等，2005[⑧]）。此外，数字技术的可重新编码特征使得数字产品不需要在充分完善后才推向国际市场，而是可以在与用户持续

① Stallkamp M., Hunt R.A., Schotter A.P.J., "Scaling, Fast and Slow: The Internationalization of Digital Ventures", *Journal of Business Research*, Vol. 146, 2022, pp. 95–106.

② Li, F., Chen, Y., Ortiz, J., et al., "The Theory of Multinational Enterprises in the Digital Era: State-of-the-Art and Research Priorities", *International Journal of Emerging Markets.*, Vol. 19, No. 2, 2022, pp. 390–411.

③ Cahen, F., Borini, F.M., "International Digital Competence", *Journal of International Management*, Vol. 26, No1, 2020, p. 100691.

④ Nambisan, S., Luo, Y., "Toward a Loose Coupling View of Digital Globalization", *Journal of International Business Studies*, Vol. 52, No. 8, 2021, pp. 1646–1663.

⑤ Autio, E., Mudambi, R., Yoo, Y., "Digitalization and Globalization in a Turbulent World: Centrifugal and Centripetal Forces", *Global Strategy Journal*, Vol. 11, No. 1, 2021, pp. 3–16.

⑥ Kotha, S., Rindova, V.P., Rothaermel, F.T., "Assets and Actions: Firm-specific Factors in The Internationalization of US Internet Firms", *Journal of International Business Studies*, Vol. 32, No. 4, 2001, pp. 769–791.

⑦ Parente, R.C., Geleilate, J., Rong, K., "The Sharing Economy Globalization Phenomenon: A Research Agenda", *Journal of International Management*, Vol. 24, No. 1, 2018, pp. 52–64.

⑧ Luo, Y., Zhao, J.H., Du, J., "The Internationalization Speed of E-commerce Companies: An Empirical Analysis", *International Marketing Review*, Vol. 22, No. 6, 2005, pp. 693–709.

交互过程中不断升级、迭代和完善(Shaheer 和 Li,2020)①。

第二,构建数字平台和生态系统。传统跨国企业国际化主要是单个企业自身的国际化,但数字企业国际化往往最终表现为在海外构建平台和生态系统(Yonatany,2017②;Nambisan 等,2019③),吸引全球不同国家和地区的用户、互补者和其他合作伙伴加入(Rong 等,2022④)。数字平台的开放性(openness)、可生成性(generativity)和可供性(affordances)特征促进商业活动更具渗透性、流动性和跨越时空边界(Nambisan 等,2019;Autio等,2018⑤),允许全球参与者快速加入平台,并以动态方式促进资源重组和价值创造(Nambisan 和 Luo,2021)。

第三,其他维度的国际化。虽然数字产品、平台和生态系统是数字企业区别于传统企业的典型表现,但数字企业国际化也要涉及人才、品牌、技术、资本、财务、管理等传统国际化维度

---

① Shaheer, N. A., Li, S., "The Cage Around Cyberspace? How Digital Innovations Internationalize in a Virtual World", *Journal of Business Venturing*, Vol.35, No.1, 2020, p.105892.

② Yonatany, M., "Platforms, Ecosystems, and the Internationalization of Highly Digitized Organizations", *Journal of Organization Design*, Vol.6, No.1, 2017, pp.1-5.

③ Nambisan S., Zahra S.A., Luo Y., et al., "Global Platforms and Ecosystems: Implications for International Business Theories", *Journal of International Business Studies*, Vol.50, No.9, 2019, pp.1464-1486.

④ Rong, K., Kang, Z., Williamson, P.J., "Liability of Ecosystem Integration and Internationalisation of Digital Firms", *Journal of International Management*, Vol. 28, No.4, 2022, p.100939.

⑤ Autio, E., Nambisan, S., Thomas, L., Wright, M., "Digital Affordances, Spatial Affordances, and the Genesis of Entrepreneurial Ecosystems", *Strategic Entrepreneurship Journal*, Vol.12, No.1, 2018, pp.72-95.

（Stallkamp 等，2023）①。

二、国际化绩效

部分研究认为，数字企业能够借助数字化优势实现更高水平的国际化绩效，但也有研究表明，数字企业国际化也面临风险和挑战，导致国际化绩效较低（Marano 等，2020②；Rong 等，2022③；Stallkamp 等，2023）。支持高绩效的文献认为，数字企业与传统跨国企业相比具有很多独特优势，特别是数字技术优势、网络优势和平台生态优势，能够帮助数字企业获得更高的国际化绩效和速度。首先，数字企业借助互联网和数字平台等虚拟渠道进行产品生产和交付，而互联网不受空间约束等特征使数字企业能够快速向全球用户提供产品和服务（Autio 和 Zander，2016④；Chen 等，2019⑤）。其次，数字技术显著降低了跨国交易成本，使

---

① Stallkamp, M., Chen, L., Li, S., 2023, "Boots on the Ground: Foreign Direct Investment by Born Digital Firms", *Global Strategy Journal*, Vol. 13, No. 4, 2023, pp.805-829.

② Marano V., Tallman S., Teegen H.J., "The Liability of Disruption", *Global Strategy Journal*, 2020, Vol.10, No.1, pp.174-209.

③ Rong, K., Kang, Z., Williamson, P.J., "Liability of Ecosystem Integration and Internationalisation of Digital Firms", *Journal of International Management*, Vol.28, No.4, 2022, p.100939.

④ Autio, E., Zander, I., "Lean Internationalization", *Academy of Management Proceedings*, No.1, 2016, pp.1754-1758.

⑤ Chen, L., Shaheer, N., Yi, J., et al., "The International Penetration of Ibusiness Firms: Network Effects, Liabilities of Outsidership and Country Clout", *Journal of International Business Studies*, Vol.50, No.2, 2019, pp.172-192.

得企业能够快速将产品销往全球(Kotha 等,2001),大大降低国际化成本,提升国际化速度和范围(Parente 等,2018;Luo 等,2005)。最后,数字企业具有"轻资产"特征(Parente 等,2018),前期不需要投入重资产,而是依赖东道国当地用户和互补者提供的资源,自身专注于高效的运营整合,进而实现更快国际化,且面临的风险更低(Wu 和 Gereffi,2018[①];Autio 和 Zander,2016[②])。

虽然很多研究探讨数字企业国际化的成功维度,但也有研究关注低绩效甚至失败现象。首先,虽然地理距离对数字企业国际化的影响降低,但制度距离、文化距离、东道国需求异质性、互补性资源依赖、生态整合者劣势等因素都会对数字企业国际化绩效产生负面影响(Stallkamp 等,2022;Rong 等,2022)。沙希尔和李(2020)探讨了母国与东道国之间的文化、管理、地理和经济距离对数字企业国际化速度的负面影响。斯托尔坎普等(Stallkamp 等,2022)探讨了东道国需求异质性、对东道国非数字化互补性资源的依赖性等对数字企业国际化带来的挑战。马拉诺等(2020)从"破坏性劣势"(liability of disruption)视角探讨数字企业在东道国市场面临的市场进入合法性挑战,认为数字企业破坏性的商业模式会对东道国当地的监管安全、群体经济

---

①　Wu, X., Gereffi, G., "Amazon and Alibaba: Internet Governance, Business Models, and Internationalization Strategies", In *International Business in the Information and Digital Age*, Emerald Publishing Limited, 2018, pp.327−356.

②　Autio, E., Zander, I., "Lean Internationalization", *Academy of Management Proceedings*, No.1, 2016, pp.1754−1758.

利益和地位、商业环境造成冲击和威胁，进而遭到东道国利益相关者的抵制。戎珂等（2022）从"生态整合者劣势"（liability of ecosystem integration）视角探讨数字企业在海外市场面临的独特挑战，即难以对东道国当地生态互补者、用户和制度进行有效整合，进而降低数字企业国际化绩效，甚至导致国际化失败。

三、国际化速度

国际化过程理论认为企业国际化是一个缓慢发展的过程，但数字企业国际化的速度显著高于传统跨国企业（Birkinshaw,2022[①]；Mithani,2023[②]）。第一，数字企业借助互联网和数字平台等虚拟渠道进行产品生产和交付，而由于互联网不受地理空间约束，使得数字企业能够及时、快速地向全球用户提供产品和服务（Stallkamp 等,2022），进而加快了其国际化速度（Chen 等,2019）[③]。第二，数字企业借助互联网和数字平台与海外用户建立直接联系，利用人工智能和大数据等技术快速了解用户偏好，及时向用户提供个性化产品和服务，降低信息不对称和外来者

[①]　Birkinshaw,J.,"Move Fast and Break Things：Reassessing IB Research in the Light of the Digital Revolution", *Global Strategy Journal* ,Vol.12,No.4,2022,pp.619-631.

[②]　Murad A. Mithani, "Scaling Digital and Non-Digital Business Models in Foreign Markets：The Case of Financial Advice Industry in the United States" , *Journal of World Business* ,Vol.58,No.4,2023,p.101457.

[③]　Chen D., Yu X., Zhang Z., "Foreign Direct Investment Comovement and Home Country Institutions", *Journal of Business Research* , Vol. 2, No. 95, 2019, pp.220-231.

劣势,加快了其国际化速度(Mithani,2023)。第三,数字企业具有轻资产特征(Parente 等,2018),前期不需要投入过多实物资产,而是利用东道国用户和互补者的资源开展运营,因此能够更快实现国际化扩张。第四,数字技术显著降低了企业进入海外市场的门槛和成本,提高了企业获取海外知识和资源的能力,有利于企业快速跨越国家边界进入海外市场(Parente 等,2018)。此外,数字企业具有创新迭代速度快、不受传统商业观念束缚、商业模式创新快等特征,这些特征也加快了其国际化速度(Birkinshaw,2022)。

第四节　数字企业国际化的情境因素

现有研究主要关注宏观层面的距离(包括制度距离、文化距离、数字距离等)和东道国环境、中观产业因素(产业类型和产业敏感性)、微观层面的企业类型和业务性质等对数字企业国际化的影响。

一、宏观层面

已有研究对距离(包括地理距离、制度距离、文化距离、经济距离、心理距离、数字距离等)如何影响数字企业国际化进行了探讨(Shaheer 和 Li,2020)。一些研究认为,距离对数字企业国际化的影响越来越小（Parente 等，2018），但另一些研究则认为，距离的重要性并未降低（Schu 和 Morschett，2017[①]；蒋殿春、唐浩丹，2021；Rong 等，2022；Stallkamp 等，2023）。沙希尔和李（2020）认为，天生数字企业可以通过互联网几乎无成本地扩张，因此距离的影响显著降低。帕伦特等（2018）认为，共享经济企业国际化较少关注心理距离和制度距离，而是关注东道国的市场潜力。但很多研究表明，虽然数字技术降低了距离带来的成本，但距离仍然重要（徐美娜、夏温平，2021[②]；蒋殿春、唐浩丹，2021）。例如，数字企业更倾向于进入与母国文化背景相似的国家（Jia，2018[③]），或进入拥有大量同族裔群体和企业的国家（Stallkamp 和 Schotter，2021；徐美娜、夏温平，2021）。虽然地理距离和经济距离的影响在逐渐降低，但政治和制度距离的影响仍然存在，特别是在逆全球化和脱钩背景下（Luo，2022a）[④]。

除了探讨距离的影响，一些研究关注东道国环境或其他因

---

① Schu，M.，Morschett，D.，"Foreign Market Selection of Online Retailers—A Path-dependent Perspective on Influence Factors"，*International Business Review*，Vol.26，No.4，2017，pp.710-723.

② 徐美娜、夏温平：《数字跨国公司对外投资的进入与扩张决定：平台型数字企业集聚的分析视角》，《世界经济研究》2021 年第 12 期。

③ Jia，L.，"Going Public and Going Global：Chinese Internet Companies and Global Finance Networks"，*Westminster Papers in Communication and Culture*，Vol.13，No.1，2018，pp.17-36.

④ Luo，Y.（a），"New Connectivity in The Fragmented World"，*Journal of International Business Studies*，Vol.53，No.7，2022，pp.962-980.

素对数字企业国际化的影响。马拉诺等（2020）探讨东道国制度环境、市场结构、利益相关者对数字企业在东道国合法性的影响。陆（2022）关注跨国环境（地缘政治冲突、母国与东道国之间的关系）和东道国环境（社会、规制经济和基础设施环境等）对跨国企业海外数字风险的影响。李（Lee，2023）[①]探讨东道国制度压力如何影响数字平台风险，进而影响新创企业的国际化范围。科兹伦科娃等（Kozlenkova，2021）[②]认为，经济和竞争因素（如收入不平等、GDP 增长率）、社会因素（快乐指数、社会信任、环保主义）、技术因素（互联网普及率、移动终端普及率）、规制（规制质量、腐败控制）以及人口统计学（工作人口、教育水平）等因素都会对共享经济企业的全球化带来挑战，进而影响其国际营销战略。

二、中观层面

在中观层面，产业类型和产业敏感性是影响数字企业国际化的情境因素（Stallkamp 和 Schotter，2021；Birkinshaw，2022）。首先，根据最终产品的形态以及对线下实物资产的依赖程度，可

① Lee, J. Y., Yang, Y. S., Ghauri, P. N., 2023, "E - commerce Policy Environment, Digital Platform, and Internationalization of Chinese New Ventur: The Moderating Effects of Covid-19 Pandemic", *Management International Review*, Vol.63, No.22, 2023, pp.31-34.

② Kozlenkova, I. V., Lee, J. Y., Xiang, D., et al., "Sharing Economy: International Marketing Strategies", *Journal of International Business Studies*, Vol.52, No.8, 2021, pp.1445-1473.

以将数字产业分为"纯数字化产业"（如社交媒体、搜索引擎、网络游戏，最终产品为虚拟产品，较少依赖线下实物资产进行交付）和"数字使能产业"（如在线购物、共享出行、外卖，其最终产品往往是实物产品）（Rong 等，2022），分属两类产业的数字企业在国际化区位选择、市场进入模式等方面存在显著差异。纯数字化产业的数字企业（如 Facebook）对线下实物资产的依赖性较低，更倾向通过互联网、数字平台等虚拟渠道进入海外市场，并采取全球一体化战略（Stallkamp 和 Schotter，2021）。相比之下，数字使能产业的数字企业（如亚马逊）对当地实物资产的依赖性较高，更倾向于通过并购或联盟方式进入东道国，并采取本土化战略，因为企业对当地互补性资源的依赖性高，且母国的实物资源无法转移到海外市场（Stallkamp 和 Schotter，2021；Rong 等，2022）。

其次，产业的敏感性也是影响数字企业国际化驱动因素与过程机制（如市场进入模式、区位选择）的情境因素。此外，位于敏感产业（如金融科技）的数字企业在东道国面临更加严格的数字监管压力，因此更倾向于选择合资模式进入东道国获取合法性，且更倾向于进入政治关系较好的国家（Birkinshaw，2022）。

三、微观层面

在微观层面，已有文献主要探讨企业类型、业务性质对数字企业国际化的影响。首先,不同类型的数字企业在国际化动机、战略、产品、商业模式等方面存在差异(Birkinshaw,2022)。数字平台和电子商务企业具有典型的网络化、平台化和生态化特征,网络效应是影响平台企业国际化的重要因素;已有文献主要从网络理论和生态视角探讨平台企业的网络效应、局外人劣势、平台与互补者的交互关系等问题(Cha 等,2023[①];Parente 等,2018;Stallkamp 和 Schotter,2021;Chen 等,2019;Brouthers 等,2016)。与单一企业相比,数字平台的国际化已经从单个企业延伸到生态层面,包括用户、互补者和其他参与者(Li 等,2019)[②]。平台之间的竞争也不再是单个企业之间的竞争,而是包含不同参与方的生态系统之间的竞争。相比之下,数字内容和数字方案解决商往往是单个企业自身的国际化,对东道国互补者的依赖性较小。

其次,即使都作为平台企业,不同业务性质的平台企业也存在显著差异(Autio 等,2021)[③]。例如,社交媒体企业(如 Facebook)与共享经济企业(如 Uber)的国际化显著不同

---

① Cha,H.,Kotabe,M.,Wu,J.,"Reshaping Internationalization Strategy and Control for Global E-Commerce and Digital Transactions:A Hayekian Perspective", *Management International Review*,Vol.63.No.1,2023,pp.161-192.

② Li,J.,Chen,L.,Yi,J.,et al.,"Ecosystem-Specific Advantages in International Digital Commerce", *Journal of International Business Studies*,Vol.50,No.9,2019,pp.1448-1463.

③ Autio,E.,Mudambi,R.,Yoo,Y.,"Digitalization and Globalization in a Turbulent World:Centrifugal and Centripetal Forces", *Global Strategy Journal*,Vol.11,No.1,2021,pp.3-16.

（Autio 等，2021）；创新型平台（如苹果 iOS）与交易型平台（如亚马逊）在国际化功能、交互方式、市场战略等方面也存在显著差异。因此，企业类型和业务性质是影响数字企业国际化的重要因素。

第三章　数字企业国际化对传统国际商务理论的影响

本章主要探讨数字企业国际化现象对传统国际商务理论的影响，主要包括内部化理论、国际生产折衷理论、国际化过程理论、网络理论、资源基础观和制度理论等。

第一节　对内部化理论的影响

内部化理论试图解释为什么跨国企业通过内部科层（hierarchy）而非外部市场对知识资产和中间产品等进行跨国交易，因为通过市场进行交易存在较高的交易成本和风险，而内部交易（内部化）成本和风险更低，效率更高（Dunning 等，2008）①。内部化

---

① Dunning, John H., Sarianna M. Lundan., *Multinational Enterprises and the Global Economy*, Edward Elgar Publishing, 2008.

理论根植于交易成本经济学,后者强调市场不完善性,如有限理性、信息不对称、不确定、复杂性和机会主义等(Williamson,1983)①。

根据内部化理论,跨国企业本身就是从事内部化增值活动的组织(Parente 等,2018),对外直接投资的目的是内部转移和利用(exploit)母公司的"企业特定优势"(Firm-Specific Advantages,FSAs),保护企业知识资产,降低海外市场不完全性(Verbeke 和 Kano,2015)②。从治理角度看,"内部化"被视为跨国企业利用 FSAs 并克服外部不确定性的一种治理机制(Luo,2022a),跨国企业通常会选择内部"科层控制"(hierarchical control)来开发知识资产(Zeng 等,2019)③。

一些研究认为,数字企业国际化对传统内部化理论提出了挑战(Banalieva 和 Dhanaraj,2019④;Li 等,2019;Zeng 等,2019⑤)。第一,数字企业(尤其是平台企业)国际化更遵循"外

① Williamson O. E., "Credible Commitments: Using Hostages to Support Exchange", *The American Economic Review*, Vol.73, No.4, 1983, pp.519-540.

② Verbeke, A., Kano, L., "The New Internalization Theory and Multinational Enterprises from Emerging Economies: A Business History Perspective", *Business History Review*, Vol.89, No.3, 2015, pp.415-445.

③ Zeng, J., Khan, Z., De Silva, M., "The Emergence of Multi-sided Platform MNEs: Internalization Theory and Networks", *International Business Review*, Vol.28, No.6, 2019, pp.1-14.

④ Banalieva, E. R., Dhanaraj, C., "Internalization Theory for the Digital Economy", *Journal of International Business Studies*, Vol.50, No.8, 2019, pp.1372-1387.

⑤ Zeng, J., Khan, Z., De Silva, M., "The Emergence of Multi-sided Platform MNEs: Internalization Theory and Networks", *International Business Review*, Vol.28, No.6, 2019, pp.1-14.

部化逻辑"(externalization logic)(Chen 等,2022①;Li 等,2019),即高度依赖东道国用户和互补者拥有的互补性资产(complementary assets)(Banalieva 和 Dhanaraj,2019),且难以或不需要将这些资产进行内部化。例如,Uber 在海外市场高度依赖当地司机和汽车,但 Uber 并未将司机和汽车进行内部化(当地司机不是 Uber 的员工,汽车也不是 Uber 的内部资产)(Zeng 等,2019)。

第二,从交易成本和不确定性看,数字企业面临的外部市场交易成本和不确定性显著降低,进而降低了企业实施内部化的经济动机和程度(Luo,2022b)②。数字技术(如大数据、区块链、机器学习)显著降低了数字企业与外部市场主体之间的交易成本、监督成本、合同风险等,因此,数字企业更倾向于增加外包活动(Ahi 等,2022)③。例如,互联网降低了数字企业与全球合作伙伴之间的信息不对称,区块链技术降低了数字企业与外部交易主体之间的信任不对称(Ahi 等,2022)。

第三,从治理模式看,传统内部化理论认为跨国企业会选择

---

① Chen L., Li S., Wei J., et al.,"Externalization in the Platform Economy: Social Platforms and Institutions", *Journal of International Business Studies*, Vol.53, No.10,2022,pp.1805−1816.

② Luo,Y.(b),"A General Framework of Digitization Risks in International Business", *Journal of International Business Studies*, Vol.53,No.2,2022,pp.344−361.

③ Ahi, A. A., Sinkovics, N., Shildibekov, Y., Sinkovics, R., Mehandjiev, N., "Advanced Technologies and International Business: A Multidisciplinary Analysis of the Literature", *International Business Review*, Vol.31,2022,No.4,p.101967.

"科层机制"(相对于"市场机制")模式,并对海外子公司进行"紧密耦合"(tight coupling)和强控制,从而有效保护核心技术、知识、中间产品等。然而,数字企业国际化常常选择"网络治理模式"(network governance mode)(Banalieva 和 Dhanaraj,2019;Shaheer 等,2022[①]),并与海外子公司、合作伙伴保持"松散耦合"(Nambisan 和 Luo,2021)[②],科层控制反而会限制海外子公司的创新和绩效(Zeng 等,2019)。

虽然数字企业国际化高度依赖外部化逻辑,但并不意味着内部化逻辑不再重要(Stallkamp 和 Schotter,2021;Chen 等,2022)。相反,数字企业也需将自身独特的 FSAs(如数字技术、营销能力)拓展到海外市场,才有能力吸引当地用户和互补者加入平台,整合当地互补性资源(Shaheer 等,2020)[③]。因此,数字企业国际化是一个内部化和外部化相结合的过程(Coviello 等,2017[④];

---

① Shaheer,N.,Li,S.,Priem,R.,"Revisiting Location in a Digital Age:How can Lead Markets Accelerate the Internationalization of Mobile Apps?",*Journal of International Marketing*,Vol.28,No.4,2022,pp.21-40.

② Nambisan,S.,Luo,Y.,"Toward a Loose Coupling View of Digital Globalization",*Journal of International Business Studies*,Vol.52,No.8,2021,pp.1646-1663.

③ Shaheer,N.A.,Li,S.,"The Cage Around Cyberspace? How Digital Innovations Internationalize in a Virtual World",*Journal of Business Venturing*,Vol.35,No.1,2020,p.105892.

④ Coviello,N.,Kano,L.,Liesch,P.W.,"Adapting the Uppsala Model to a Modern World:Macro-context and Microfoundations",*Journal of International Business Studies*,Vol.48,No.9,2017,pp.1151-1164.

Verbeke 和 Kano,2015①）。事实上,这一过程与新近的内部化理论在思想上保持一致(Nambisan,2022)②,后者认为跨国企业需要将自身的企业特定优势与东道国当地国家特定优势进行重新整合(recombination)与捆绑(bundling)(Hennart,2009③;Verbeke,2009④;Verbeke 和 Kano,2015)。此外,巴纳利耶娃和达纳拉吉(2019)进一步指出,数字企业选择内部化还是外部化取决于企业特定优势的性质,企业会将核心特定优势(如核心技术、先进人力资本)进行内部化,而将外围特定优势进行外部化。

第二节　对国际生产折衷理论的影响

国际生产折衷理论,也称 OLI(Ownership,Location and Internalization)理论,认为企业开展对外直接投资的条件是同时拥有

---

①　Verbeke,A.,Kano,L.,"The New Internalization Theory and Multinational Enterprises from Emerging Economies: A Business History Perspective", *Business History Review*,Vol.89,No.3,2015,pp.415-445.

②　Nambisan,S.,"Digital Innovation and International Business", *Innovation*,Vol.24,No.1,2022,pp.86-95.

③　Hennart,J.F.,"Down with MNE-centric Theories! Market Entry and Expansion as the Bundling of MNE and Local Assets", *Journal of International Business Studies*,Vol.40,No.12,2009,pp.1432-1454.

④　Verbeke A.,Brugman P.,"Triple-testing the Quality of Multinationality-performance Research: An Internalization Theory Perspective", *International Business Review*,Vol.18,No.3,2009,pp.265-275.

所有权优势、区位优势和内部化优势(Dunning，1980)①。文献梳理表明，数字企业国际化并未从根本上颠覆 OLI 范式，但对三种优势的内容进行了扩展(Alcácer 等，2016②；Luo，2021③)。

在所有权优势方面，OLI 理论认为跨国企业必须拥有所有权优势才能成功进入海外市场(Dunning，1980)。学者们先后识别了三类所有权优势："资产所有权优势"(Oa)、"交易所有权优势"(Ot)、"制度所有权优势"(Oi)(Dunning，2001④；Dunning 和 Lundan，2008⑤；Cantwell 等，2010⑥)。数字企业国际化同样需要具备所有权优势(Shaheer 和 Li，2020)，但其内容、类型和范围发生了改变。例如，数字企业更加依赖数字优势(如算法、数据资产、大数据分析能力、网络/生态优势)，而非传统优势。

---

① Dunning，J. H.，"Toward an Eclectic Theory of International Production：Some Empirical Tests"，*Journal of International Business Studies*，Vol.11，No.1，1980，pp.9-31.

② Alcácer，J.，Cantwell，J.，Piscitello，L.，"Internationalization in the Information Age：A new Era for Places，Firms，and International Business Networks？"，*Journal of International Business Studies*，Vol.47，No.5，2016，pp.499-512.

③ Luo Y.，"New OLI Advantages in Digital Globalization"，*International Business Review*，Vol.30，No.2，2021，p.101797.

④ Dunning，J. H.，Wymbs，C.，"The Challenge of Electronic Markets for International Business Theory"，*International Journal of The Economics of Business*，Vol. 8，No.2，2001，pp.273-301.

⑤ Dunning，J. H.，Lundan，S.M.，"Institutions and the OLI Paradigm of the Multinational Enterprise"，*Asia Pacific Journal of Management*，Vol. 25，No. 4，2008，pp.573-593.

⑥ Cantwell，J.，Dunning，J. H.，Lundan，S.M.，"An Evolutionary Approach to Understanding International Business Activity：The Co-evolution of MNEs and the Institutional Environment"，*Journal of International Business Studies*，Vol.41，No.4，2010，pp.567-586.

此外,传统跨国企业主要依靠公司内部资源优势,但数字企业的优势不仅局限于企业内部,而是延伸到外部生态层面,特别是生态特定优势(ecosystem – specific advantages)(Nambisan 等,2019)① 和"网络优势"(network advantages)(Banalieva 和 Dhanaraj,2019)。生态特定优势或网络优势强调对外部生态参与者资源的访问、编排和利用,而非控制(Verbeke 和 Hutzschen-reuter,2021)②。

传统区位优势是指东道国吸引跨国企业投资的国家特定优势(CSAs),表现在自然资源、生产要素、需求条件、制度、市场结构等方面。与传统跨国企业相比,数字企业较少依赖东道国自然资源、劳动力成本等传统区位优势(Dunning,1988)③,而更加依赖数字优势,如数字市场规模和潜力、数字制度质量、数字用户和第三方互补者等(Alcácer 等,2016)④。沙希尔和李(2020)认为,数字企业国际化的区位优势已经从传统的供给侧区位优势(如自然资源、劳动力成本)转变为需求侧区位优势(如用户)。

① Nambisan S.,Zahra S. A.,Luo Y.,et al.,"Global Platforms and Ecosystems:Implications for International Business Theories",*Journal of International Business Studies*,Vol.50,No.9,2019,pp.1464−1486.

② Verbeke,A.,Hutzschenreuter,T.,"The Dark Side of Digital Globalization",*Academy of Management Perspectives*,Vol.35,No.4,2021,pp.606−621.

③ Dunning,J. H.,"Location and The Multinational Enterprise:A Neglected Factor?",*Journal of International Business Studies*,Vol.29,No.1,1988,pp.45−66.

④ Alcácer,J.,Cantwell,J.,Piscitello,L.,"Internationalization in the Information Age:A new Era for Places,Firms,and International Business Networks?",*Journal of International Business Studies*,Vol.47,No.5,2016,pp.499−512.

在整体层面,陆(2021)认为数字全球化正在弱化传统 OLI 理论的解释力,并提出"新型 OLI"框架,即"开放性资源优势"(open resources advantages)、"连接优势"(linkages advantages)和"整合优势"(integration advantages)。其中,开放性资源优势是指数字全球化使得跨国企业能够快速获得全球开放性资源;连接优势是指数字全球化使跨国企业能够轻松与全球客户、供应商、合作伙伴、技术提供者、金融提供者等进行无缝连接与合作,有效获取和利用全球资源;整合优势是指数字全球化加强了跨国企业与其合作伙伴、供应商、分销商和物流供应商等之间的整合,增强了企业在规划、组织和监控全球分散活动和运营方面的能力和效率。

第三节　对国际化过程理论的影响

国际化过程理论或乌普萨拉模型认为企业国际化是一个缓慢、渐进和逐步发展的动态过程(Johanson 和 Vahlne,2009)[①]。然而,数字企业国际化的独特性对传统乌普萨拉模型提出了挑战(Bhatti 等,2022)[②]。

---

①　Johanson, J., Vahlne, J. E., "The Uppsala Internationalization Process Model Revisited: from Liability of Foreignness to Liability of Outsidership", *Journal of International Business Studies*, Vol.40, No.9, 2009, pp.1411–1431.

②　Bhatti, W. A., Vahlne, J. E., Glowik, M., et al., "The Impact of Industry 4.0 on the 2017 Version of the Uppsala Model", *International Business Review*, Vol.31, No.4, 2022, p.101996.

第一，数字企业往往呈现快速、跳跃式并同时进入很多不同国家的国际化特征（Birkinshaw，2022）[①]，而非渐进和缓慢。数字技术打破了空间距离限制，显著降低企业国际化成本和风险，提升国际化速度和范围（Coviello 等，2017[②]；Nambisan 和 Luo，2021）[③]。数字企业可以借助数字技术快速实现全球连接，进入多个国家（Shaheer 等，2022）[④]，获得上下游合作伙伴、用户和互补者的资源和知识，向全球客户提供一站式全面服务，加速其国际化进程（Tran 等，2016）[⑤]。沙希尔等（2022）认为，数字企业可以在没有国际化经验的情况下立即服务多个海外市场，挑战了从国内开始逐渐扩展到国外市场的传统模式。事实上，数字企业与国际新创企业具有较强的相似性（McDougall 等，1994）[⑥]，即从成立之初就将国际市场作为目标市场并利用国

[①]　Birkinshaw，J.，"Move Fast and Break Things：Reassessing IB Research in the Light of the Digital Revolution"，*Global Strategy Journal*，Vol.12，No.4，2022，pp.619−631.

[②]　Coviello，N.，Kano，L.，Liesch，P. W.，"Adapting the Uppsala Model to a Modern World：Macro−context and Microfoundations"，*Journal of International Business Studies*，Vol.48，No.9，2017，pp.1151−1164.

[③]　Nambisan，S.，Luo，Y.，"Toward a Loose Coupling View of Digital Globalization"，*Journal of International Business Studies*，Vol.52，No.8，2021，pp.1646−1663.

[④]　Shaheer，N.，Kim，K.，Li，S.，"Internationalization of Digital Innovations：A Rapidly Evolving Research Stream"，*Journal of International Management*，Vol. 28，No.4，2022，p.100970.

[⑤]　Tran Y.，Yonatany M.，Mahnke V.，"Crowdsourced Translation for Rapid Internationalization in Cyberspace：A Learning Perspective"，*International Business Review*，Vol.25，No.2，2016，pp.484−494.

[⑥]　McDougall P. P.，Shane S.，Oviatt B. M.，"Explaining the Formation of International New Ventures：The Limits of Theories from International Business Research"，*Journal of Business Venturing*，1994，Vol.9，No.6，pp.469−487.

际资源,且跳过乌普萨拉模型的早期阶段(如先在国内发展、出口等)。

第二,国际化过程理论认为企业国际化是渐进决策和逐渐演化的产物,但对数字企业而言,缓慢决策往往意味着失去"先发优势",从而使企业很难在东道国建立竞争优势(Chen 等,2019)。例如,数字平台具有显著的网络效应、先发优势和赢家通吃特征,最先达到网络规模的先发者会自动获得大多数市场份额,形成正向网络效应,并将竞争者拒之门外。相反,如果行动缓慢,竞争对手已经形成网络效应和垄断地位,企业将很难进入东道国市场(Rong 等,2022)。

第三,在承诺水平方面,传统跨国企业采取增量承诺(incremental commitment),即先采用承诺水平较低的市场进入模式(如出口),再逐渐增加承诺水平。然而,增量承诺对数字企业国际化的重要性逐渐降低,数字企业往往呈现跳跃式发展模式(Luo,2022a)。

虽然数字企业对传统国际化过程理论提出了挑战,但该理论仍具有解释力。首先,尽管地理距离对数字企业国际化的负面影响显著降低,但制度距离、文化距离、新型数字距离等对企业国际化仍产生负面影响(Luo,2022b;Stallkamp 等,2023),使得数字企业国际化不得不遵循一定程度的"渐进式"步伐。同时,学习和经验知识积累仍是数字企业国际化的重要决定因素,而缺乏海外知识(尤其是隐性知识)会导致数字企业国际化失败(Li 等,2022)①。例如,虽然很多数字企业凭借数字技术和商业模式创新快速进入全球市场,但由于对不同国家的制度、文化、数字市场结构、用户偏好缺乏深刻理解,同时难以深度嵌入到东道国当地数字网络中,导致企业在快速进入后又快速退出东道国市场,或被东道国本土企业超越(Stallkamp 等,2022)②。

第四节　对网络理论的影响

网络理论强调网络关系对企业资源获取和绩效的重要性(Jones 等,1997③;Amit 和 Zott,2001④)。事实上,大多数企业都是在网络环境中运营(Luo,2022a)。在国际商务领域,网络理论也是研究跨国企业国际化的重要视角:一方面,跨国企业本身就是由母公司、子公司、全球合作伙伴、客户、供应商和其他利益相关者构成的网络;另一方面,能否在东道国构建网络关系并嵌

---

① Li,F.,Chen,Y.,Ortiz,J.,et al.,"The Theory of Multinational Enterprises in the Digital Era:State-of-the-Art and Research Priorities",*International Journal of Emerging Markets.*,Vol.19,No.2,2022,pp.390-411.

② Stallkamp M.,Hunt R. A.,Schotter A. P. J.,"Scaling,Fast and Slow:The Internationalization of Digital Ventures",*Journal of Business Research*,Vol.146,2022,pp.95-106.

③ Jones,C.,Hesterly,W. S.,Borgatti,S. P.,"A General Theory of Network Governance:Exchange Conditions and Social Mechanisms",*Academy of Management Review*,Vol.22,No.4,1997,pp.911-945.

④ Amit R.,Zott C.,"Value Creation in E-business",*Strategic Management Journal*,Vol.22,2001,pp.493-520.

入到当地网络中直接影响跨国企业国际化的成败(Johanson 和
Vahlne,2009①;陈衍泰等,2021②)。文献梳理表明,网络理论对
数字企业国际化的解释力不仅未被弱化,反而被强化,因为数字
企业更加依赖网络关系开展国际化。然而,数字企业国际化的
网络结构和性质与传统跨国企业存在差异,进而拓展了传统网
络理论。

第一,数字企业利用数字技术和平台等虚拟渠道与利益相
关者建立网络关系,而传统跨国企业更加依赖面对面的有形互
动(Holm 等,1996)③。数字连接技术显著促进了企业与合作伙
伴之间的沟通、交流、交易和协作,使得分散在全球不同国家和
地区的合作伙伴能够实现实时无缝交互。巴纳利耶娃和达纳拉
吉(2019)认为,数字化改变了传统的市场概念,从买卖双方互
动的共同物理空间转变为通过新的数字技术共同创造的"数
字空间"。虽然数字企业高度依赖数字空间构建网络关系,但
加尔金娜等(Galkina 等,2023)④认为数字企业也需要在线下

① Johanson,J.,Vahlne,J. E.,"The Uppsala Internationalization Process Model
Revisited:from Liability of Foreignness to Liability of Outsidership",*Journal of Interna-
tional Business Studies*,Vol.40,No.9,2009,pp.1411-1431.

② 陈衍泰、厉婧、程聪、戎珂:《海外创新生态系统的组织合法性动态获取研
究——以"一带一路"海外园区领军企业为例》,《管理世界》2021 年第 8 期。

③ Holm,D.,Eriksson,K.,Johanson,J.,"Creating Value Through Mutual Com-
mitment to Business Network Relationships",*Strategic Management Journal*,Vol.20,
No.5,1996,pp.467-486.

④ Galkina T.,Atkova I.,Ciulli F.,"Networks of Internationalizing Digital Plat-
forms in Physical Place and Digital Space",*Global Strategy Journal*,Vol.13,No.4,
2023,pp.774-804.

实体空间构建网络关系,并实现两个空间网络的相互融合与促进。

第二,数字企业在全球建立的网络关系更加多样和开放,参与者类型更多,分布更广泛(Zeng 等,2019)。传统跨国企业在东道国建立的网络关系较为封闭,参与者类型和数量相对有限。相比之下,数字技术和平台的广泛连接性、虚拟性和开放性特征允许全球更多类型的参与者加入,以更加公开、灵活的方式开展合作,无需担心地理距离和行业边界(Nambisan 等,2019;Luo,2022a)。

第三,数字企业与东道国合作伙伴的网络关系更加松散和灵活(Zeng 等,2019;Nambisan 和 Luo,2021),且合作伙伴之间的社会嵌入性(契约依赖性)和制度化水平显著低于传统网络关系(Nambisan 等,2019;Luo,2022a)。相反,传统网络理论强调跨国企业在东道国构建稳定、紧密和深嵌(相互依赖程度高)的网络关系,以此降低环境不确定性。

此外,近年来学者们开始从生态系统理论视角研究数字企业国际化(Li 等,2019;Rong 等,2022)。与网络理论相比,生态系统理论更加强调生态参与者(如平台、用户、互补者等)之间的松散耦合、互补和共生关系,且这种关系具有自发性、灵活性、多样性、模块化等特征(Nambisan 等,2019;陈衍泰等,2021)。李等(2019)认为,平台企业国际化需要构建"生态系统特定优势",不仅包括平台自身的优势,还包括参与者拥有的资源和优势。南比桑等(2019)认为,生态系统为企业提供了新的国际化方式、知识和关系构建方式,以及新的客户价值创造和交付方式,这些特征从根本上改变了传统国际商务理论的重要性,需要理论界开发新构念,扩展现有理论。

第五节 对资源基础观的影响

资源基础观(包括动态能力理论)是解释跨国企业国际化扩张的重要理论视角(Hennart,2009)[1]。资源基础观将企业视为资源和能力的组合体,并认为拥有和控制有价值、稀缺、难以模仿和不可替代的资源是企业建立和维持竞争优势的基础(Barney,1991)[2]。根据资源基础观,跨国企业国际化需要具备独特的资源和能力(Cantwell,2014[3];Brouthers 等,2016[4])。

数字企业国际化遵循资源基础观的核心逻辑,即数字企业

① Hennart,J. F.,"Down with MNE-centric Theories! Market Entry and Expansion as the Bundling of MNE and Local Assets",*Journal of International Business Studies*,Vol.40,No.12,2009,pp.1432-1454.

② Barney J.,"Firm Resources and Sustained Competitive Advantage",*Journal of Management*,Vol.17,No.1,1991,pp.99-120.

③ Cantwell,J.,"Revisiting International Business Theory:A Capabilities-based Theory of the MNE",*Journal of International Business Studies*,Vol.45,No.1,2014,pp.1-7.

④ Brouthers,K. D.,Geisser,K. D.,Rothlauf,F.,"Explaining the Internationalization of Ibusiness Firms",*Journal of International Business Studies*,2016,Vol.47,No.5,pp.513-534.

国际化也依赖于独特的资源和能力（Chen 等,2019①；Kotha 等,2001②）,但与传统跨国企业相比,数字企业依赖的资源和能力在内容和性质等方面存在差异性（Cahen 和 Borini,2020）③。

第一,数字企业国际化改变了传统资源基础观的资源属性。资源基础观将企业视为资源的组合体,并认为控制有价值、稀缺、难以模仿和不可替代的资源是企业建立和维持竞争优势的基础（Barney,1991）④。然而,数字企业的资源并非完全符合上述标准。在"有价值"方面,数字技术的广泛连接性使得拥有普通资源的企业也可以借助全球资源实现国际化。在"稀缺性"方面,数字企业的资源往往是"广泛可用、甚至平凡的资源",可以通过全球公开市场获得（Luo,2021）。在"难以模仿"方面,数字企业的资源和商业模式常常容易被竞争对手模仿（Parente 等,2018）。在"不可替代"方面,由于数字企业使用的资源可以通过公开市场获得,因此其不可替代性较低。

第二,数字企业国际化扩展了传统资源基础观的资源类型

---

① Chen,L.,Shaheer,N.,Yi,J.,et al.,"The International Penetration of Ibusiness Firms:Network Effects,Liabilities of Outsidership and Country Clout", *Journal of International Business Studies*,Vol.50,No.2,2019,pp.172-192.

② Kotha,S.,Rindova,V. P.,Rothaermel,F. T.,"Assets and Actions:Firm-specific Factors in The Internationalization of us Internet Firms",*Journal of International Business Studies*,Vol.32,No.4,2001,pp.769-791.

③ Cahen,F.,Borini,F. M.,"International Digital Competence",*Journal of International Management*,Vol.26,No1,2020,p.100691.

④ Barney J.,"Firm Resources and Sustained Competitive Advantage",*Journal of Management*,Vol.17,No.1,1991,pp.99-120.

和分布范围。从资源类型看,数字企业国际化更加依赖无形的数字资源和能力(Cahen 和 Borini,2020)①,如独特的数字技术、数据资产、数字生态优势等(Banalieva 和 Dhanaraj,2019)。从资源的空间分布看,传统资源基础观强调企业开发和利用内部资源,而数字企业(尤其是平台企业)更关注如何连接和使用外部资源(Vecchi 和 Brennan,2022)②,特别是用户和互补者的资源(Chen 等,2019)。因此,数字企业更加依赖于"全球连接能力"和"生态整合能力"开展国际化(Luo,2022a;Rong 等,2022)。

第三,数字企业国际化更加凸显动态能力的重要性,且数字技术增强了企业国际化的动态能力。动态能力强调跨国企业通过持续感知和抓取国际市场机会,并重构组织流程和资源,才能在不断变化的国际环境中适应和生存。一方面,数字技术快速迭代、数字市场超级竞争(如赢家通吃、跨行业竞争)等特征使数字企业面临更加动态的国际环境,动态能力对数字企业保持竞争优势的重要性更加凸显;另一方面,数字企业可以借助先进数字技术和平台在全球范围内寻求商业机会、重新配置资源、连接合作伙伴、整合网络资源、获取新知识(Luo,2022a),进而增强企业国际化的动态能力。

---

① Cahen, F., Borini, F. M., "International Digital Competence", *Journal of International Management*, Vol.26, No1, 2020, p.100691.

② Vecchi, A., Brennan, L., "Two Tales of Internationalization-Chinese Internet Firms' Expansion into the European Market", *Journal of Business Research*, Vol.152, 2022, pp.106-127.

第六节　对制度理论的影响

制度是影响跨国企业国际化战略和行为的重要力量（Peng 等,2008）[①]。数字企业国际化遵循制度理论的基本逻辑（Uzunca 等,2018）[②],但也对其进行了拓展。

第一,数字企业国际化更容易受到东道国数字制度影响,而数字制度拓展了传统制度理论的内涵和边界。当前世界各国都高度重视数字经济,相继出台数字经济相关的法律、法规和政策（如跨境数据流动限制、数据存储政策、数据隐私法规等）,新型数字制度不断被建立,并对企业国际化产生重要影响。例如,沙希尔等（2022）认为,数字经济的快速发展使得世界各国政府都开始高度关注数字领域的立法和制度变革,并围绕数据本地存储、隐私保护、税收体系、国家安全等开展制度建设（如数字立法和监管）。卡明等（Cumming 等,2023）[③]探讨了东道国电子商

① Peng,M. W.,Wang,D. Y. L.,Jiang,Y.,"An Institution-Based View of International Business Strategy:A Focus on Emerging Economies", *Journal of International Business Studies*,Vol.39,No.5,2008,pp.920-936.

② Uzunca B.,Rigtering J. P. C.,Ozcan P.,"Sharing and Shaping:A Cross-Country Comparison of How Sharing Economy Firms Shape Their Institutional Environment to Gain Legitimacy", *Academy of Management Discoveries*,Vol.4,No.3,2018,pp.248-272.

③ Cumming,D.,Johan,S.,Khan,Z.,et al.,"E-Commerce Policy and International Business", *Management International Review*,Vol.63,No.1,2023,pp.3-25.

务政策对共享经济企业国际化的影响。李等(2022)探讨东道国电子商务政策不确定性对数字平台的影响。因此,随着全球范围内数字制度的建立和完善,数字制度对数字企业国际化的影响将不断增强。此外,从数字制度视角研究企业国际化也将拓展已有"制度基础观"(Peng等,2008),为制度学派的国际商务学者提供了新的研究机遇。

第二,从距离视角看,数字企业更容易受到母国与东道国之间的数字制度距离影响,而数字制度距离拓展了传统制度距离的维度。数字制度距离是指不同国家在数字法律法规、数字监管政策、价值规范等方面的差异性。由于不同国家制定的数字法律、法规和政策存在显著差异,国家间的数字制度距离逐渐产生,并对数字企业国际化产生影响(Shaheer等,2022)。例如,美国的数字法律和政策更偏向技术创新和知识产权保护,但欧盟更强调隐私保护和数据安全。相比之下,一些欠发达国家在数字立法和监管方面还处于起步阶段。数字制度距离也扩展了传统制度距离的内涵和维度,有助于将传统制度距离概念拓展到数字情境下。数字制度距离的存在使得数字企业国际化不仅需要关注传统制度距离,还需应对新型数字制度距离带来的挑战(Meyer等,2023)[1]。

---

[1] Meyer K. E., Li J., Brouthers K. D., "International Business in the Digital Age: Global Strategies in a World of National Institutions", *Journal of International Business Studies*, 2023, Vol.54, No.4, pp.577-598.

第三,数字企业更有可能对东道国传统制度产生重构性影响。制度是一种相对稳定的规则体系和认知模式,但也会随着新技术浪潮而演变。当前全球制度体系主要诞生于工业时代,越来越难以符合数字时代的要求和特征(Meyer 等,2023)。数字革命正在重塑工业时代的全球制度环境,包括国际税法、竞争政策、劳动法和隐私、公司治理等;数字跨国企业的商业活动与传统制度之间的不匹配越来越大,需要对诞生于工业时代的制度进行重构(Birkinshaw,2022)。马拉诺等(2020)探究了共享经济企业的破坏性商业模式对东道国监管和社会认知的颠覆性影响。乌松卡等(Uzunca 等,2018)①探讨了共享经济企业如何运用一系列市场和非市场战略重塑东道国制度环境(如影响政府政策和公众认知)。沙希尔等(2022)认为,数字企业可以借助规模庞大的东道国用户应对制度不确定性和监管压力。因此,与传统跨国企业相比,数字企业借助其独特的商业模式与广泛影响力更容易对制度环境产生影响。

---

① Uzunca B.,Rigtering J. P. C.,Ozcan P.,"Sharing and Shaping:A Cross-Country Comparison of How Sharing Economy Firms Shape Their Institutional Environment to Gain Legitimacy",*Academy of Management Discoveries*,Vol.4,No.3,2018,pp.248-272.

第四章 国家间数字环境差异

由于历史、文化、法律、宗教信仰、地理环境等差异,世界各国都形成了各自的环境特征。国际商务学者很早就关注国家间环境差异对跨国企业国际化的影响(Hymer,1976)[①],并对其进行了广泛探讨。学者们将国家间环境差异定义为"距离"(distance),不仅包括有形的地理距离,也包括无形的制度距离、文化距离、经济距离、心理距离等。在数字经济时代,国家间的环境差异也在经历"数字化变革",数字环境差异(数字距离)成为企业国际化面临的新型环境差异。

---

① Hymer,S.,*The International Operations of National Firms:A Study of Foreign Direct Investment*,MIT Press,1976.

第一节 传统国家间环境差异

长期以来,国家间环境差异一直是国际商务研究的核心议题。学者们已提出多种类型的环境差异,如制度距离、文化距离、经济距离等,且这些研究在数字经济时代前已经成熟。

一、制度距离

诺斯(North,1991)①将制度比喻为"游戏规则"(the rules of the game),并将其定义为"人类设计的、塑造人际互动的约束"。斯科特(Scott,1995)②在此基础上进一步将制度定义为"规制、规范和认知的结构和活动,这些结构和活动能够为社会行为提供稳定性和意义"。根据制度理论,制度是影响组织结构和行为的重要因素,组织需要同制度保持同构才能获取合法性(DiMaggio 和 Powell,1983)③。在国际商务领域,制度也被视为影响跨国企业战略和行为的基础性因素。学者们重点关注跨国

① North, Douglass C., "Institutions, Institutional Change and Economic Performance", *Choice Reviews Online.*, Vol.28, No.9, 1991, pp.28-5186.

② Scott, *Institutions and Organizations*, Sage Publication, 1995.

③ DiMaggio P. J., Powell W. W., "The Iron Cage Revisited: Institutional Isomorphism and Collective Rationality in Organizational Fields", *American sociological review*, Vol.48, No.2, 1983, pp.147-160.

企业母国与东道国之间的制度距离(即制度差异)对跨国企业的影响(Kostova,1996)①。

科斯托娃(Kostova,1996)将制度距离定义为母国与东道国在规制、规范和认知制度方面的差异性或相似性,并将制度距离分为规制距离、规范距离和认知距离。规制距离(regulatory distance)是指国家间在正式制度方面的差异性,包括法律、规则、政治体制、经济体制、法律体系、政府政策等。虽然规制距离最容易被跨国企业识别和正确解读,但对跨国企业的影响往往是强制性的。规范距离(normative distance)是指国家间在社会规范、道德、价值观等方面的差异性。对跨国企业而言,规范制度往往是隐性、难以正确解读的,因为社会规范深深嵌入在东道国当地的历史文化和社会价值观当中。认知距离(cognitive distance)是指不同国家在共享的社会知识、认知图式、认知框架等方面的差异性。认知制度影响"人们注意、描述和解释环境刺激的方式"(Kostova,1999)②。已有研究表明,当母国与东道国的认知距离越大,跨国企业与东道国利益相关者之间的双向不熟悉危害越大:一方面,跨国企业更难理解东道国的认知制度环境;另一方面,东道国也更倾向于采取刻板印象来评判跨国企业。

---

① Kostova, Tatiana, *Success of the Transnational Transfer of Organizational Practices within Multinational Companies*, University of Minnesota, 1996.

② Kostova T., "Transnational Transfer of Strategic Organizational Practices: A Contextual Perspective", *Academy of Management Review*, Vol. 24, No. 2, 1999, pp.308-324.

从结果看,首先,制度距离会影响跨国企业海外合法性(Kostova 和 Zaheer,1999)[1]、母公司与海外子公司之间的组织实践转移(Kostova,1999)以及跨国企业海外市场进入模式选择和区位选择等(Xu 和 Shenkar,2002)[2]。例如,当母国与东道国之间的制度距离越大,跨国企业越难以正确解读东道国制度要求,也越难以在东道国获取合法性(Kostova 和 Zaheer,1999)。其次,制度距离越大,跨国企业越难以将母公司的组织实践转移到海外子公司,因为在母国形成的组织实践可能并不适合于东道国制度环境(Kostova,1999),或与东道国制度规范相冲突。

尽管制度距离已经得到了广泛探讨,但当前制度距离研究很少关注数字经济情境,即母国与东道国在数字领域的新规制(如数字立法和监管政策)、数字规范(如不同国家在数字领域的价值取向和社会规范)和数字认知(如对数字技术采纳、数据安全保护等方面的共享信念)等方面的差异。

二、文化距离

文化是一个社会群体成员集体的心理程序(Hofstede 和

---

[1]　Kostova,T.,Zaheer,S.,"Organizational Legitimacy Under Conditions of Complexity:The Case of the Multinational Enterprise", *Academy of Management Review*, Vol.24,No.1,1999,pp.64-81.

[2]　Xu D.,Shenkar O.,"Note:Institutional Distance and the Multinational Enterprise", *Academy of Management Review*, Vol.27,No.4,2002,pp.608-618.

Bond, 1988)①。格玛沃特(Ghemawat, 2001)②将文化距离定义跨国企业的母国与东道国在宗教信仰、种族、社会规范和语言等方面的差异性。霍夫斯泰德(Hofstede)将国家间文化距离分为五个维度:个人主义与集体主义、权力距离、不确定性规避、男性/女性气质、长期导向/短期导向。当前国际商务学者对文化距离对跨国企业的影响持两种不同的观点。一种观点认为,文化距离对跨国企业产生了消极影响,如提高跨国企业的信息成本、合法性成本和经营成本。实证研究表明,文化差异越大,跨国企业在东道国的失败率越高。特别是在跨国并购情境,文化距离被认为是导致并购整合失败的最重要因素。另一种观点认为,文化距离能给跨国企业带来益处,尤其是新知识和创新,提升企业国际化绩效。

三、经济距离

经济距离是指母国与东道国在经济环境方面的差异性,包括经济总量、人均收入、市场规模、产业结构、产业竞争力等方面。首先,不同国家在经济规模、经济发展水平上存在显著差异,这些差异对跨国企业的区位选择、市场战略产生重要影响。

---

① Hofstede G. , Bond M. H. , "The Confucius Connection: From Cultural Roots to Economic Growth", *Organizational Dynamics*, Vol.16, No.4, 1988, pp.5–21.

② Pankaj Ghemawat, "Distance Still Matters: The Hard Reality of Global Expansion", *Harvard Business Review*, Vol.79, No.8, 2001, pp.137–147.

例如,跨国企业更倾向于进入市场规模较大的东道国市场,因为市场规模大意味着更多的市场机会;但市场规模大也意味着竞争强度更大,因为这类市场能够吸引更多的本土企业和跨国企业。其次,经济发展水平差异会影响跨国企业的产品定位、价格策略、消费群体和市场潜力。此外,东道国产业结构、产业竞争力也会影响跨国企业的区位选择和市场战略。

四、国家间环境差异对跨国企业的负面影响

吉马瓦特(Ghemawat,2001)[1]认为,跨国企业往往高估了国外市场的吸引力,仅看到国外市场蕴含的市场机会,却忽视了环境差异对国际商务活动造成的负面影响。文献梳理表明,国家间环境差异会给跨国企业带来外来者劣势风险、合法性风险、资源和能力转移风险、市场交易风险等挑战(Zaheer, 1995[2];Kostova 和 Zaheer,1999[3])。

第一,外来者劣势风险。外来者劣势是指跨国企业相对于东道国本土企业而言需要承担的所有额外成本,包括不熟悉危

---

①　Pankaj Ghemawat,"Distance Still Matters:The Hard Reality of Global Expansion",*Harvard Business Review*,Vol.79,No.8,2001,pp.137-147.

②　Zaheer S.,"Overcoming the Liability of Foreignness",*Academy of Management Journal*,Vol.38,No.2,1995,pp.341-363.

③　Kostova,T.,Zaheer,S.,"Organizational Legitimacy Under Conditions of Complexity:The Case of the Multinational Enterprise",*Academy of Management Review*,Vol.24,No.1,1999,pp.64-81.

害、歧视危害和关系危害。海默(Hymer,1976)[1]指出,"本国企业对自己国家拥有更好的信息这一普遍优势,包括它的经济、语言、法律和政治等,而对于外来者,获取这些信息的成本往往是可观的"。随着地理距离的增加,沟通和知识流动的成本将不断提高,且信息在远距离传递过程中会出现扭曲(Asmussen 和 Goerzen,2013)[2]。因此,大多数跨国企业都属于"区域跨国企业",主要在本国相近区域经营。

第二,合法性挑战。合法性是跨国企业在东道国生存和发展的前提(Suchman,1995)[3],不仅包括由正式制度引起的规制合法性,还包括由社会规范、文化、信念、价值观引起的规制合法性与认知合法性。规制距离导致跨国企业难以在东道国获取规制合法性。例如,梅齐亚斯(Mezias,2002)[4]的研究发现,在美国经营的外国企业更容易遭受法律诉讼,因为外国企业没有能力准确解读东道国当地法律法规。其次,由于规范距离的存在,跨国企业在母国的商业实践可能不符合东道国的社会规范

① Hymer, S., *The International Operations of National Firms: A Study of Foreign Direct Investment*, MIT Press, 1976.

② Asmussen C. G., Goerzen A., "Unpacking Dimensions of Foreignness: Firm - specific Capabilities and International Dispersion in Regional, Cultural, and Institutional Space", *Global Strategy Journal*, Vol.3, No.2, 2013, pp.127-149.

③ Suchman M. C., "Managing legitimacy: Strategic and Institutional Approaches", *Academy of Management Review*, Vol.20, No.3, 1995, pp.571-610.

④ Mezias J. M., "How to Identify Liabilities of Foreignness and Assess their Effects on Multinational Corporations", *Journal of International Management*, 2002, Vol.8, No.3, pp.265-282.

（Kostova 和 Zaheer，1999）。最后，由于认知距离，东道国利益相关者往往根据来源国形象评价跨国企业，而负面的来源国形象会使企业面临合法性挑战。

第三，资源和能力转移风险。首先，制度距离会导致跨国企业难以将有价值的战略性实践转移到海外子公司。例如，当母国与东道国在规制制度上存在显著差异时，跨国企业的组织实践可能在东道国被认为是不符合法律规定的。其次，当母国与东道国之间的规范距离较高时，母公司的实践可能被海外子公司员工和外部利益相关者视为"不合意的"（Xu 和 Shenkar，2002）。最后，当认知距离较高时，子公司员工很难理解母公司的实践，或缺乏采纳母公司实践的知识结构和技能。

第四，市场交易风险。相比于由制度距离、文化距离等社会因素，学者们认为由经济环境差异引起的风险相对容易识别和预测。然而，经济环境差异也会给跨国企业带来风险和成本，特别是市场交易风险。例如，经济环境差异导致跨国企业与东道国利益相关者进行市场交易时面临更高的交易成本，如谈判成本、信任成本和营销成本等。

第二节　数字经济时代国家间
数字环境差异

　　尽管现有研究已对国家间环境差异进行了广泛探讨,但相关研究成果主要诞生于工业经济时代。伴随人类从工业时代进入数字时代,世界各国都高度重视数字经济发展,相继出台数字经济领域的法律法规、政策、行业标准、行为规范等。同时,世界各国的数字经济发展水平、数字技术、数字基础设施、网络普及率等方面也存在显著差异,这些差异构成了新型国家间环境差异,即"数字环境差异"。本书将国家间数字环境差异分为数字制度环境差异、数字技术环境差异以及数字市场环境差异三个方面,如图4-1所示。

一、数字制度环境差异

　　国家间数字制度环境差异是指母国与东道国在数字规制、规范和认知等方面的差异性,具体包括:数字规制差异(不同国家在数字法律、法规、政策等方面的差异)、数字规范差异(不同国家在数字规范、行为准则、普遍惯例、道德等方面的差异)和数字认知差异(不同国家对数字经济、数字技术采纳、数字化转型的认知差异)三个方面。

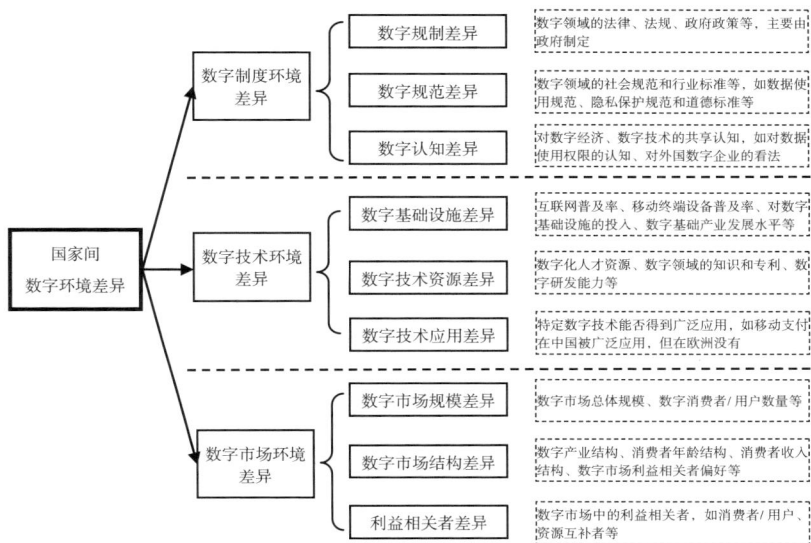

图 4-1 国家间数字环境差异（数字距离）的维度

制度是影响组织结构和行为的基本因素（DiMaggio 和 Powell，1983），不仅包括法律、规则等正式制度，也包括信仰、习俗、社会规范、文化、伦理等非正式制度。斯科特（1995）将制度分为规制制度、规范制度和认知制度三个支柱（pillars）。然而，制度理论在 20 世纪已经发展成熟，其诞生和发展很少涉及数字经济领域。伴随人类进入数字经济时代，围绕数字经济领域不断涌现出新的法律法规（如欧盟的《通用数据保护法案》）、行业标准（如隐私保护标准）、共享认知和信念，本章将这些新型制度环境定义为"数字制度环境"。

国家间数字制度环境差异属于制度距离范畴，但聚焦在数字经济领域。根据斯科特对制度的分类，本章将国家间数字制度差异分为数字规制差异（digital regulative differences）、数字规范差异（digital normative differences）和数字认知差异（digital cognitive differences）。数字规制差异是指母国与东道国在数字法律、法规、政策等正式制度方面的差异性。当前世界各国政府都高度重视数字经济，相继出台数字经济相关法律、法规和政策。然而，由于不同国家的政治制度、法律体系、文化不同，不同国家制定的数字法律、法规和政策也存在差异。例如，美国的数字法律和政策更偏向于自由主义，更加鼓励数字创新和市场化发展。然而，欧盟在制定数字法律和政策时更加强调隐私保护和数据安全，2016 年颁布的《通用数据保护法案》高度重视隐私保护和个人数据安全，对个人信息的保护及监管达到了前所未有的高度，被称为"史上最严格的数据保护法案"。

数字规范制度是指数字领域的社会规范、行业标准和行为准则等，是人们对应该如何恰当利用数字技术、如何保护个人隐私、如何规范数字经济发展等方面形成的价值观、信念和假设。事实上，一个国家的数字规范深受传统社会规范影响，是传统社会规范在数字经济领域的延伸。国家间的数字规范差异可能导致跨国企业在母国的数字产品和实践（如隐私保护政策、信息搜集方式）在东道国被认为是不恰当的，进而导致跨国企业难以在东道国获取数字规范合法性。

认知制度是人们共享的社会知识、认知结构、不证自明的心智模式（Scott，1995）。国家间的认知制度差异表现在不同国家对相同事物或行为持有不同的看法。与传统认知制度相比，数字认知制度聚焦于数字领域的社会知识、认知结构和文化偏好。

从三种数字制度的比较看，数字规制主要来源于政府，是政府对数字经济发展、数字治理、数字技术使用标准等方面制定的法律和规则。相比之下，数字规范和认知主要来源于一个国家的传统文化、社会道德规范、价值体系，其核心是利益相关者对数字经济发展、隐私保护、企业数字行为持有的一种价值判断和共享知识。事实上，数字规制、规范和认知三种制度往往交织在一起并相互影响。例如，一国在制定数字法律、法规和政策时，主要基于该国普遍认可的社会规范和共享认知。尽管如此，三者也存在一定的差异性。例如，一些国家的数字法律体系并不完善，数字规制并不能充分体现其数字规范和认知。

二、数字技术环境差异

除了在数字法律、政策、规范和认知等方面存在显著差异，不同国家在数字基础设施（如互联网普及率、数据中心、5G 基站）、数字技术资源（如数字技术创新能力、数字化人才、数字领域的知识和专利）、数字技术应用偏好差异（如移动支付技术的应用偏好）等方面也存在显著差异。因此，国家间数字环境差异的第二个维度是"数字技术环境差异"。

第一，数字基础设施差异。数字基础设施是指以网络通信、大数据、云计算、区块链、人工智能、量子科技、物联网以及工业互联网等数字技术为主要应用基础的新型设施。数字基础设施也可以分为硬件设施(如机房、数据中心、5G 基站)和软件设施(如软件、数据库)。数字基础设施已成为数字经济发展的基础,也是影响数字企业国际化区位选择与东道国数字战略的重要因素。良好的东道国数字基础设施能够保障数字企业顺利开展数字业务、提升数字创新绩效(Nambisan 等,2019),因此,数字企业更倾向于进入数字基础设施完善的东道国。

当前世界各国高度重视数字基础设施建设,但建设进度和成效却存在显著差异。发达国家的数字基础设施相对完善,但发展中国家(尤其是最不发达国家)的数字基础设施薄弱,移动互联网用户较少,数字企业在进入这些国家时会面临由数字基础设施不完善引起的风险。例如,共享经济企业依赖于广泛普及的智能手机设备、网络体系和移动支付体系,但在数字基础设施薄弱国家,大多数民众没有移动终端设备,导致共享经济企业无法在这些国家扩展业务。优步的商业模式主要基于移动互联网和电子支付系统,但在数字基础设施落后国家,优步很难将其商业模式复制到这些国家。

第二,数字技术资源差异。数字技术资源是指一个国家拥有的与数字技术开发和发展相关的资源,包括数字化知识、专利、人才、数字研发能力等。数字技术资源与数字基础设施高度相关,但也存在差异。一般而言,一个国家的数字基础设施越完善,数字技术资源可能越丰富,因为完善的数字基础设施能够帮助国家创造和积累数字技术资源。然而,数字技术资源不等同于数字基础设施,数字基础设施仅为一个国家创造和发展数字技术提供了基础保障。相反,数字技术资源能直接给企业创造价值,属于应用型资源。东道国的数字技术资源越丰富,跨国企业越有可能进入东道国市场,因为跨国企业国际化的重要目标是获取东道国先进的数字技术资源(蒋殿春、唐浩丹,2021)。然而,当跨国企业进入数字技术资源匮乏的国家可能面临风险,尤其是缺乏互补性资源(Verbeke 和 Hutzschenreuter,2021)①。

第三,数字技术应用差异。数字技术应用差异是指不同国家在是否应用特定数字技术、如何应用技术以及应用特定技术对国家和个人带来哪些影响方面存在的认知和行为偏好差异。例如,虽然中国和欧美国家在移动支付领域的技术均较为成熟,且具备大规模应用移动支付的数字基础设施和用户群体,但中国的移动支付市场规模显著高于欧美发达国家,因为中国人更愿意使用移动支付,而欧美国家消费者认为移动支付和人脸识别会泄露个人隐私,因而不愿意使用此类技术。数字技术应用偏好的差异也会对跨国企业在东道国市场推广数字产品产生重要影响。例如,蚂蚁金服在欧洲国家市场推广移动支付会面临挑战,因为欧洲国家对移动支付技术的采纳持谨慎态度。

---

① Verbeke, A., Hutzschenreuter, T., "The Dark Side of Digital Globalization", *Academy of Management Perspectives*, Vol.35, No.4, 2021, pp.606–621.

三、数字市场环境差异

除了制度和技术环境差异,不同国家在数字市场环境方面也存在显著差异,包括数字市场规模、市场结构、东道国利益相关者特征等。

第一,数字市场规模差异。尽管近年来全球数字经济发展迅猛,规模不断扩大,但不同国家的数字市场规模和结构却存在显著差异。当前美国、中国和欧盟是全球三大数字市场,数字市场规模大且较为成熟。相反,欠发达国家的数字市场规模较小,网络普及率低,数字消费群体较小。从影响因素看,一个国家的数字市场规模可能由经济总量、人口、人均收入、教育发展水平等多种因素共同决定。数字市场规模会影响数字企业国际化的区位选择、数字战略和数字产品适用性。例如,数字企业更倾向于进入数字市场规模较大的东道国市场,但企业在该类市场也可能面临更加激烈的竞争。

第二,数字市场结构差异。数字市场规模并不能完全代表一个国家的数字市场结构,数字产业结构、消费者年龄结构、消费者收入结构等方面的差异也是数字市场差异的重要表现。

第三,利益相关者差异。当数字企业进入东道国时,还将面临与母国市场完全不同的利益相关者,包括政府、客户、互补产品提供者、消费者等(Verbeke 和 Hutzschenreuter,2021)。利益相关者差异(如需求偏好差异、收入差异、对待隐私保护的认知差异)也会影响数字企业国际化。根据利益相关者理论,利益相关者是影响企业生存、发展和战略目标实现的重要市场主体。跨国企业在进入海外市场时需要与当地利益相关者建立关系。与利益相关者的关系决定跨国企业能否在东道国获取合法性,也决定了跨国企业的数字产品和服务能否被利益相关者认可和接受。

　　本章主要对数字经济时代涌现出的国家间数字环境差异进行探索性探讨,下一章将进一步探讨国家间数字环境差异如何影响数字企业国际化,特别是给数字企业国际化带来的风险和挑战。

第五章　数字环境差异对数字企业
国际化的影响与应对策略

本章进一步探讨国家间数字环境差异对数字企业国际化的影响及其应对战略。研究发现,数字环境差异对数字企业海外数字合法性、数字能力转移和海外子公司数字治理产生负面影响;为了应对环境差异带来的挑战,数字企业可以采取适应环境、选择环境和控制环境三种基本策略。

第一节　数字环境差异对企业
国际化的影响

国家间数字环境差异可能导致数字企业国际化面临三类风险和挑战:(1)数字合法性风险,即国家间数字环境差异(尤其

是数字制度差异)导致跨国企业难以在东道国获取数字合法
性;(2)数字能力转移风险,即数字环境差异导致跨国企业难以
将母公司的数字资源和能力转移到海外市场;(3)子公司数字
治理风险,即数字环境差异导致跨国企业难以对海外子公司进
行有效的数字治理。需要说明,尽管数字环境差异也会给数字
企业带来机遇,如新的市场机遇、制度套利,但本章主要关注其
负面影响。数字环境差异对数字企业国际化的影响机制如
图5-1所示。

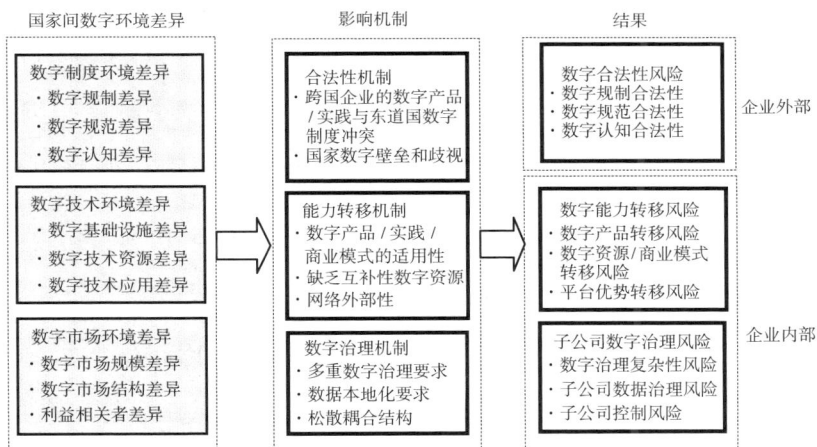

图5-1　数字环境差异对数字企业国际化的影响机制

一、数字合法性

本章将数字合法性(digital legitimacy)定义为数字企业的数
字产品和服务、数字实践、数字商业模式等被东道国视为恰当

的、合意的和值得期待的一种感知和假设。数字合法性反映数字企业的数字业务是否与东道国制度环境保持一致,能否被东道国利益相关者认可和接受。

根据合法性的类型,数字合法性风险可以分为数字规制合法性风险(即企业的数字产品和实践等被认为不符合东道国法律、规则和政策的要求)、数字规范合法性风险(即企业的数字产品和实践等被认为不遵守东道国的社会规范、价值观和道德标准)、数字认知合法性风险(即企业的数字产品和实践等被认为与东道国的认知结构和共享价值不一致,突出表现为东道国对企业及其母国持有的负面刻板印象)。从成因看,数字合法性风险主要由母国与东道国的数字制度差异(数字制度距离)引起,也可能是数字制度环境差异与传统制度因素(如双边政治关系)共同作用的结果。

第一,国家间数字制度差异导致数字企业的数字产品和服务、数字实践(如隐私保护政策、内容审查方式、内容推送机制)与东道国数字监管制度冲突,进而导致企业难以在东道国获取数字合法性。首先,数字制度差异使数字企业难以准确理解(understand)、解读(interpret)和响应(response)东道国的数字制度与合法性要求,尤其是隐性的数字规范和认知合法性要求。其次,即使企业能够正确理解东道国的数字合法性要求,数字环境差异也可能导致企业的数字实践(digital practices)与东道国数字规范相冲突。例如,TikTok 的隐私保护政策和内容审查机制在一些国家被认为不符合当地规范与行业标准,TikTok利用算法推荐内容的商业模式被认为是过度搜集个人隐私数据,违反当地数字监管和规范。

第二,数字制度差异导致数字企业面临数字制度复杂性风险与多元合法性要求,并对其数字合法性造成负面影响。数字跨国企业往往同时在很多国家经营,但由于不同国家的数字制度存在差异,对企业的合法性要求也不同,这就导致企业在不同国家面临差异化甚至相互冲突的合法性要求,这种现象被定义为数字制度复杂性风险(Luo,2021)。数字制度复杂性对企业的数字合法性提出了两难挑战,即满足一国数字制度要求的数字产品、实践和商业模式可能无法满足另一国的数字制度要求。特别是当前全球缺乏普遍认可的数字法律体系、监管政策和实践准则,各国政府出于自身数字发展战略制定不同的数字监管政策,对数字跨国企业的行为准则与合法性要求也不同。例如,美国更加重视数字经济和跨境数据流动自由化,但也会对来自特定国家的数字企业实施限制。欧盟在数字监管上更加保守,注重个人隐私保护。

第三,数字制度差异导致数字企业在东道国市场面临国家数字壁垒,尤其是当母国与东道国的双边政治关系较为紧张时。国家数字壁垒是指东道国政府为了保护本国数字经济产业发展、数据安全、国家安全而对跨国企业设置的数字壁垒(如市场进入壁垒,更高的合法性要求),导致外国企业难以进入东道国数字市场。当前,数字经济已被全球各国视为战略性产业,其重要性也在不断提升。因此,很多国家都制定了保护本国数字经济发展的法律和政策,对外国企业进入本国数字市场进行限制。国家数字壁垒的另一个重要诱因是东道国的数据主权和数据保护主义。数据主权不仅限制本国的数据流入国外,也限制国外的数据流入本国,其核心是国家对数据跨境流动进行干预。

二、数字能力转移

与数字合法性风险主要来自企业外部不同,数字能力转移风险主要来自数字跨国企业内部,尤其是母公司与子公司之间。本章将"数字能力转移风险"(digital capability transfer risks)定义为母国与东道国之间的数字环境差异导致数字企业难以将母公司的数字化资源和能力(如数字技术、数据资产、平台优势、商业模式、流程和实践等)转移到海外子公司(或海外市场)的风险。从影响机制看,数字企业的数字资源和能力往往在母国数字环境下开发、建立和发展,并与母国数字环境保持匹配;但由于母国与东道国之间的数字环境差异,这些资源和能力并不适用于东道国数字环境,或在东道国市场缺乏互补性资源,很难转移到东道国市场。即使企业能够将数字产品和资源转移到东道国市场,这些在母国市场是稀缺的产品和资源也不一定在东道国发挥价值,难以给企业带来竞争优势。具体而言,数字能力转移风险表现在以下三方面。

第一,数字产品和服务的转移风险。数字产品和服务的转移风险是指数字企业针对母国市场开发的数字产品和服务可能仅适用于母国市场(如消费群体偏好、数字监管和数字基础设施),但并不适用于东道国数字环境,或在东道国市场缺乏互补性资源。当数字企业将母国的数字产品和服务转移到海外市场时,可能无法满足当地消费者的偏好和数字基础设施要求。例如,一些欠发达国家的网络普及率较低,智能手机用户较少,滴滴、字节跳动等企业难以将其数字产品和服务顺利转移到这些国家,因为当地缺乏支撑其数字产品和服务的数字基础设施和消费群体。即使东道国具备转移企业数字产品和服务的数字环境,东道国客户也可能更加偏好本土企业的数字产品和服务,因为本土企业更加了解当地的数字环境和消费者需求偏好,且在当地拥有更多的基础用户(网络效应优势),使得数字企业面临网络外部性风险。

第二,数字特定优势的转移风险。已有研究表明,数字企业在母国市场拥有的特定优势往往很难转移到其他国家市场(Stallkamp 和 Schotter,2021)。例如,百度的搜索引擎、地图服务在国内市场具有竞争优势,但百度很难将这些优势转移到欧美发达国家市场。对平台企业而言,用户和互补者资源是平台企业竞争优势的重要来源,但由于地理边界、数字环境差异等因素影响,数字平台企业在母国拥有的资源优势(网络效应)很难为海外客户创造价值(Verbeke 和 Hutzschenreuter,2021)[1]。例如,淘宝在国内拥有众多用户和互补者资源(包括卖家、消费者、供应商、物流企业等),但这些资源无法为海外用户创造价值。Uber 在波士顿拥有大量用户与司机网络,但这并不能使它在孟买的子公司获得任何优势,因为孟买的用户无法使用波士顿的司机(柴宇曦等,2021)[2]。此外,数字平台企业在东道国缺乏初始用户,导致企业面临网络外部性风险(Stallkamp 和 Schotter,2021)。

第三,数字商业模式和数字实践的转移风险。在数字经济时代,商业模式已经成为数字跨国企业建立竞争优势的重要来源,很多企业借助独特的数字商业模式在市场中获得成功。然而,由于母国与东道国之间的数字环境差异,数字企业在母国市场获得成功的商业模式可能无法转移到海外市场。例如,Uber 的商业模式主要基于兼职车主和信用卡支付系统,而在某些国家,大多数用户与司机都没有信用卡,这导致 Uber 在美国市场的商业模式无法在海外复制和应用(柴宇曦等,2021)。除了数字商业模式,数字环境差异也导致跨国企业难以将母公司的数字实践转移到海外子公司。数字实践(digital practices)是指企业开展数字业务过程中形成的组织流程和惯例,包括数据管理

① Verbeke,A.,Hutzschenreuter,T.,"The Dark Side of Digital Globalization",*Academy of Management Perspectives*,Vol.35,No.4,2021,pp.606-621.

② 柴宇曦、张洪胜、马述忠:《数字经济时代国际商务理论研究:新进展与新发现》,《国外社会科学》2021 年第 1 期。

实践、隐私保护实践、数字治理实践等。已有研究表明,组织实践是跨国企业竞争优势的重要来源,但往往面临难以转移到海外子公司的困境(Kostova,1999)[①]。例如,跨国企业的组织实践根植于母国制度环境,与母国制度规范保持一致,但由于母国与东道国之间的制度差异,这些实践可能与东道国制度冲突。由于母国与东道国之间的认知制度差异,跨国企业在母国形成的实践往往很难被东道国子公司准确理解和解读;即使能够被理解,采纳这些实践也可能与东道国的社会规范相冲突,导致子公司不愿意采纳(Kostova,1999)。

三、海外子公司数字治理

母国与东道国之间的数字环境差异也会导致数字企业面临子公司数字治理风险,包括数字治理复杂性风险、数据治理风险、子公司控制风险等。

第一,数字治理复杂性风险。数字治理复杂性风险是指数字跨国企业需要同时对位于不同国家的子公司进行数字治理,但由于不同国家的数字环境存在显著差异甚至相互冲突,对跨国企业数字治理的要求也不同,这就导致跨国企业面临多元化

[①]　Kostova T., "Transnational Transfer of Strategic Organizational Practices: A Contextual Perspective", *Academy of Management Review*, Vol. 24, No. 2, 1999, pp.308–324.

甚至相互冲突的数字治理要求。邱静（2022）①认为，每个国家都有自己独特的历史文化传统、社会基本制度和数字治理环境，因此在数字治理中形成了各自的治理偏好和规范实践。不同国家的数字治理规范要求导致跨国企业海外子公司往往面临两难困境，即符合某一国家数字规范要求的数字治理实践可能与另一国家的数字治理规范相冲突。多元甚至相互冲突的数字治理要求也导致跨国企业难以形成统一的治理模式和实践，显著提升跨国企业数字治理成本和风险。

第二，子公司数据治理风险，包括数据安全治理、数据合规治理等。国际数据管理协会将数据治理定义为对数据资产管理行使权力和控制的活动集合。数字跨国企业海外子公司的数据治理具有自身的独特性，这些独特性也蕴藏数据治理风险。首先，由于东道国的数据本地化要求和海外子公司数字业务的本地化特征，数字企业海外子公司的数据往往在东道国当地产生、存储和使用，这就导致母公司很难对海外子公司的数据进行直接管理，使得数据控制面临风险。其次，不同国家对数据治理的规制和规范要求不同，这导致海外子公司需要根据当地数字制度要求进行数据治理，难以转移母公司的数字治理实践。相反，当企业根据母公司的数字治理实践管理海外子公司时，可能面临与东道国数字制度规范相冲突的风险。

---

① 邱静:《浅议欧美组建"数字治理联盟"》,《互联网天地》2022 年第 2 期。

第三,子公司控制风险。数字治理要求跨国企业对海外子公司的数字业务进行控制和协调,这就要求母公司对子公司进行一定程度的控制。然而,由于国家间数字环境差异以及数字经济的独特性,数字企业倾向于采取"松散耦合"(loose coupling)方式管理海外子公司(Nambisan 和 Luo,2021),给予海外子公司较大的自主经营权,并保持子公司的独特性。与传统控制模式相比,松散耦合模式大大降低了母公司对海外子公司的控制权,有助于发挥子公司的创造力,以更好地满足东道国差异化的市场需求。然而,松散耦合模式也可能导致母公司对海外子公司缺乏有效的控制能力,难以对子公司的数字业务、数据、数字实践等行为进行有效管控。

第二节　数字环境差异的应对策略

鉴于国家间数字环境差异给数字企业国际化带来负面影响,如何应对这些挑战将成为企业面临的新议题。本章将数字企业的应对策略分为三类:(1)适应环境策略,即数字企业通过改变自身数字产品或实践来主动适应东道国数字环境要求,如数字本土化策略;(2)选择环境策略,即企业主动选择对自身更加有利的东道国数字环境,从而规避或降低风险,包括目标东道国选择和目标群体选择;(3)重塑环境策略,即企业主动对东道国数字环境进行战略性影响和重塑,改变东道国数字环境,包括数字制度创业(改变东道国数字制度环境)和数字技术创业(改变东道国数字技术环境,如数字基础设施)。三种应对策略如表5-1所示。

表5-1 跨国企业数字风险的应对策略

策略分类	具体策略	降低风险	具体策略和适用情境	优势与劣势
1.适应环境(改变自身数字战略,主动或被动地适应东道国数字环境)	数字本土化战略(根据东道国数字环境特征制定数字产品和数字战略)	1.降低数字合法性风险 2.降低数字能力转移风险	1.数字产品本土化、数字实践本土化、人才本土化 2.东道国数字制度环境压力较大,数字企业缺乏重塑数字环境的能力	优势:容易满足东道国数字环境要求 劣势:提高了子公司数字治理风险;并不能保证跨国企业降低数字合法性风险
2.选择环境(选择对自身更加有利的东道国数字环境)	目标东道国选择(选择更加有利的数字环境)	1.规避数字合法性风险 2.降低数字能力转移风险 3.降低子公司数字治理风险	1.选择数字环境差异较小的东道国 2.选择数字环境更完善的东道国 3.存在可供企业选择的多个东道国市场	优势:使用成本较低,企业可以根据自身数字战略自由选择对自身更有利的东道国 劣势:一些东道国属于数字环境差异大但数字市场大,跨国企业需要权衡数字环境差异带来的挑战与数字市场的潜力
	目标群体选择(选择东道国特定群体作为目标客户)	1.降低数字合法性风险 2.降低数字能力转移风险	1.选择东道国特定目标群体(如海外华人) 2.东道国的数字环境是多元化的	

续表

策略分类	具体策略	降低风险	具体策略和适用情境	优势与劣势
3.重塑环境（主动影响和改变东道国数字环境,使其更加有利于企业）	数字制度创业	降低数字合法性风险	1.企业具有较强数字资源和能力,能够影响和改变东道国数字环境 2.企业在欠发达国家	优势:能够给企业带来更大的利益 劣势:难度最大,在发达国家较难获取成功
	数字技术创业（影响和重塑东道国数字技术环境）	1.降低数字能力转移风险 2.降低子公司数字治理风险	1.帮助东道国建立数字基础设施 2.适合于企业在数字基础设施欠发达国家	

一、适应环境:数字本土化

适应环境策略是指数字企业主动适应东道国数字环境,通过改变自身数字产品和服务、数字流程和实践、商业模式等满足东道国数字环境要求,从而降低数字环境差异引起的风险。适应环境策略的优势是难度较低,不要求企业改变母国与东道国之间的数字环境差异,而是改变自身数字战略和业务。数字企业可以通过数字本土化(digital localization)策略来适应东道国数字环境。

数字本土化策略能够从以下方面降低数字环境差异引起的风险:第一,数字本土化有助于提升企业的数字合法性,更好满足东道国制度要求。由于母国与东道国之间的数字制度差异,数字企业在母国市场开发的数字产品（服务）、数字实践和惯例可能与东道国数字制度环境相冲突，导致企业面临数字合法性风险。数字本土化策略有助于企业根据东道国数字制度开发本土化的数字产品和服务、数字流程和实践，从而满足东道国的合法性要求。第二，数字本土化能够降低数字能力转移风险，提高海外子公司满足东道国数字环境和用户需求的能力。数字本土化不是企业将母公司的数字产品和服务、资源和能力、商业模式等转移到海外市场，而是在东道国市场开发新的数字产品、资源和能力，因此可以免受数字环境差异带来的数字能力转移风险。第三，数字本土化能够提升企业子公司的自主性和创新性，有助于子公司根据当地数字环境和用户需求开发符合东道国数字技术标准的应用程序、数字功能和实践流程，满足东道国差异化的数字环境。

从数字本土化的具体内容看，数字企业可以采取数字产品（服务）本土化、数字实践本土化等。数字产品（服务）本土化是指企业根据东道国当地市场的数字环境特征和用户需求来提供数字产品和服务。数字实践本土化是指企业根据当地数字环境制定数字管理实践（如数据搜集方式、隐私保护实践），避免跨国企业母公司的数字实践与东道国制度规范相冲突。

虽然适应环境策略有助于降低数字环境差异带来的负面影响，但这种应对策略也存在不足。第一，数字本土化可能提高企业海外子公司的数字治理风险。数字企业通过调整数字战略和组织结构来适应东道国数字环境,可能导致母公司的数字战略与东道国不一致,降低了母子公司之间战略一致性。第二,仅仅被动地适应东道国数字环境可能并不能保证企业在东道国获取合法性,尤其是当两个国家存在地缘政治冲突、跨国企业在东道国遭遇来源国劣势时。

二、选择环境:目标东道国选择、目标群体选择

选择环境策略是指数字企业选择对自身有利的数字环境作为目标市场,包括选择目标东道国和目标客户群体两个方面,避免进入数字环境差异较大或对自身不利的东道国市场。数字跨国企业将全球市场作为目标市场,这就为企业选择对其自身有利的目标东道国作为进入国家提供了可能性。例如,数字企业可以选择与母国数字环境差异较小的东道国,或拥有良好数字基础设施的国家,避免进入数字环境差异大的国家。

第一,选择数字环境差异较小的东道国有助于降低跨国企业面临的数字合法性风险。目标东道国与母国的数字规制环境越相似,数字企业在东道国市场面临的数字规制、规范和认知合法性风险就越低。例如,当母国与东道国的数字监管政策较为接近时,跨国企业的数字产品和实践更容易满足东道国的数字监管要求;当母国与东道国对隐私保护和技术采纳的认知越相似,企业面临的认知合法性风险越低,因为东道国利益相关者更容易理解和接受企业的数字实践。

第二,选择数字环境差异较小的东道国有助于降低数字能力转移风险。较小的数字环境差异意味着母国与东道国在数字基础设施、数字资源、数字技术、数字监管政策等方面具有相似性,此时数字企业的数字资源、平台优势和商业模式更容易转移到东道国市场(Stallkamp 和 Schotter,2021)。相反,当跨国企业选择数字环境差异较大的东道国时,这些数字资源和能力将难以应用于东道国市场。例如,移动支付、共享经济企业较少进入数字基础设施薄弱的国家,因为这些国家缺乏企业转移数字资源、商业模式和数字产品的基础设施,如网络普及率、网络速度、智能通信设备等。

第三,选择数字环境差异较小的东道国有助于企业降低子公司治理风险。首先,数字环境相似意味着数字企业可以将母公司的数字治理实践转移到海外子公司,因为母公司的数字治理实践更容易适应东道国数字环境。其次,数字环境差异较小往往意味着母国与东道国在数字治理理念、价值观、数据安全保护等方面具有相似性,这也为企业与海外子公司实行统一的数字治理实践提供了可能性。

此外,即使是同一东道国市场,由于东道国制度环境的复杂性和利益相关者的多元性,数字企业也可以选择特定用户群体作为服务对象。例如,微信、腾讯会议主要将海外华人作为目标用户,并借助海外华人向东道国相关群体扩展业务。

"选择环境"策略的优势是为企业规避或减弱数字环境差

异提供了一种成本较低的途径,但这种应对策略也存在劣势。首先,选择环境意味着企业会放弃进入数字环境差异较大但市场潜力大的东道国市场。其次,企业往往很难准确理解东道国的数字环境(尤其是隐性的数字规范),即使进入数字环境差异较小的东道国市场,也不意味着企业面临的风险就较低。

三、重塑环境:数字创业

重塑环境策略是指数字企业主动对东道国数字环境进行影响和塑造,改变东道国数字环境,从而为企业创造良好的经营环境。与适应环境和选择环境在应对数字环境差异时略显被动相比,重塑环境策略可以为企业主动应对数字环境差异,创造对其自身更有利的新环境。具体而言,数字企业可以通过数字制度创业(digital institutional entrepreneurship)重塑东道国数字制度环境(如参与东道国数字法律制定),通过数字技术创业(digital technical entrepreneurship)重塑东道国数字技术环境(如帮助东道国建设和完善数字基础设施)。

制度创业是指组织改变既有制度安排或创造新制度的战略行为(Tumbas 等,2018[①];Greenwood 和 Suddaby,2006[②])。已有

---

① Tumbas,Sanja,Nicholas Berente,Jan vom Brocke,"Digital Innovation and Institutional Entrepreneurship:Chief Digital Officer Perspectives of their Emerging Role",*Journal of Information Technology*,Vol.33,No.3,2018,pp.188-202.

② Greenwood,R.,Suddaby,R.,"Institutional Entrepreneurship in Mature Fields:the Big Five Accounting Firms",*Academy of Management Journal*,Vol.49,2006,pp.27-48.

研究表明,跨国企业可以通过制度创业主动影响、塑造和改变东道国制度环境,进而获取合法性。例如,雷格纳和埃德曼(Regnér 和 Edman,2014)[①]认为,跨国企业具有制度优势,它们可以战略性地部署资源和能力来塑造东道国制度,以确保在东道国的合法性。加西亚—卡布雷拉和杜兰—埃雷拉(García-Cabrera 和 Durán-Herrera,2016)[②]将跨国企业视为试图"制度创业者",认为跨国企业应该采取战略性视角对待东道国制度环境。

数字制度创业属于制度创业的理论范畴,但聚焦于数字领域。根据制度创业的内涵,本章将数字制度创业定义为跨国企业影响、重塑和改变东道国数字规制、规范和认知环境的行为。数字制度创业为数字企业应对母国与东道国之间数字环境差异、创造对其自身更加有利的数字制度环境提供了可能性。数字企业可以通过数字制度创业主动影响东道国数字制度环境,降低数字制度差异对数字企业数字合法性的负面影响。

在数字规制方面,数字企业可以参与东道国数字法律、法规和政策的制定过程,影响东道国数字规制建设,进而帮助跨国企

---

① Regnér, Patrick, Jesper Edman., "MNE Institutional Advantage: How Subunits Shape, Transpose and Evade Host Country Institutions", *Journal of International Business Studies*, Vol.45, No.3, 2014, pp.275-302.

② García-Cabrera A.M., Durán-Herrera J.J., "MNEs as Institutional Entrepreneurs: A Dynamic Model of the Co-evolutionary Process", *European Management Journal*, Vol.34, No.5, 2016, pp.550-563.

业获取或提升数字合法性。首先,数字企业(尤其是全球领先数字跨国企业)作为全球市场的重要参与者,拥有丰富的数字资源和能力,能够借助全球影响力以及技术优势参与东道国数字制度建设。其次,数字企业还可以针对数字认知制度开展制度创业,改变东道国利益相关者对企业的认知和态度。例如,在美国宣布封禁 TikTok 之后,TikTok 开展了大量数字认知创业活动,包括积极与美国政府进行沟通、与美国企业结成战略联盟来共同游说政府、发布数字透明报告等,试图改变美国政府对 TikTok 的刻板认知和态度,获取认知合法性。

除了数字制度创业,数字企业还可以在东道国开展数字技术创业,如帮助东道国(尤其是数字基础设施薄弱的国家)建设数字基础设施,创造对其自身发展更加有利的数字技术环境,进而降低数字能力转移风险。例如,华为、中兴积极参与"一带一路"共建国家数字基础设施建设,不仅帮助东道国完善数字基础设施,还为其自身在当地的发展创造更有利的数字技术环境。当前华为、中兴已经参与沙特、巴林等中东国家的 5G 建设,并基于 5G 技术开展物联网、虚拟现实、智慧城市等应用场景的技术研发和商业应用。通过主动改变东道国数字技术环境,数字企业可以更好地将自身数字能力转移到东道国市场,降低数字环境差异带来的风险。

与适应环境策略和选择环境策略相比,重塑环境策略为数字企业应对国家间数字环境差异提供了一种战略性的新路径,即根据企业战略需求主动改变东道国数字环境,为企业创造有利的经营环境。然而,这种策略的难度异常高,需要数字企业具备丰富数字资源和能力,相对于东道国政府和利益相关者而言具有很强议价能力。相反,如果企业缺乏能力和影响力,将很难实施数字创业。

此外,数字企业能否成功实施数字创业也取决于东道国数字环境的特征:当东道国数字环境高度完善和稳定,企业将很难改变东道国数字环境。相反,当东道国数字环境较为多元、脆弱或不稳定,数字企业将更有机会开展数字创新。例如,一些大型数字企业在发展中国家成功开展数字创业,因为当地的数字监管、法律和基础设施还不完善,这为企业开展数字创业提供了空间。从结果看,数字创业不仅能够降低企业面临的风险,也能够给企业带来竞争优势。

第六章 东道国数据安全感知对
数字企业合法性的影响

东道国数字环境不仅包括制度、技术和市场环境,还包括利益相关者。本章关注东道国利益相关者对数字企业的数据安全感知如何影响企业合法性,以及数字企业如何应对东道国数据安全感知带来的挑战。通过将数据安全感知作为一种新因素引入跨国企业合法性研究,本章拓展了数字经济时代跨国企业合法性理论,丰富了数据安全的感知视角,并为数字企业获取合法性提供新视角。

第一节 跨国企业合法性

组织合法性是指在特定的社会规制、规范和文化认知体系中,组织的行为被认为是合规、合意和恰当的感知。组织合法性不仅影响制度环境和利益相关者对组织的认可程度,更决定组织能否获得生存和发展所需的资源和社会支持。因此,组织合法性自提出以来就得到理论界的持续关注。在国际商务领域,组织合法性对跨国企业的重要性被广泛认可,学者们对其内涵、特征、影响因素、获取策略等进行了深入探讨(Kostova,1999[①];Egels-Zandén,2017[②];Díez-Martín,2021[③])。

与东道国本土企业相比,跨国企业在东道国建立和维持合法性面临更大的挑战。首先,母国与东道国的制度距离越大,跨国企业在东道国建立合法性的难度就越大。同时,由于跨国企业同时在很多国家经营,面临多元复杂甚至相互冲突的制度环境,这使得跨国企业维持合法性的难度显著提升。此外,地缘政治关系也会加剧跨国企业获得合法性的难度。另一些研究从"外来者劣势""来源国劣势"等视角解释跨国企业合法性挑战。外来者劣势关注跨国企业相对于东道国本土企业而言面临的额外经营成本(如信息成本和合法性成本)(Zaheer,1995)[④],导致

----

① Kostova T. , "Transnational Transfer of Strategic Organizational Practices: A Contextual Perspective", *Academy of Management Review*, Vol. 24, No. 2, 1999, pp.308–324.

② Egels – Zandén N. , "Responsibility Boundaries in Global Value Chains: Supplier Audit Prioritizations and Moral Disengagement Among Swedish Firms", *Journal of Business Ethics*, Vol.146, 2017, pp.515–528.

③ Díez-Martín F. , Blanco – González A. , Diez – de – Castro E. , "Measuring a Scientifically Multifaceted Concept, The Jungle of Organizational Legitimacy", *European Research on Management and Business Economics*, Vol.27, No.1, 2021, p.100131.

④ Zaheer S. , "Overcoming the Liability of Foreignness", *Academy of Management Journal*, Vol.38, No.2, 1995, pp.341–363.

跨国企业国际化面临更低的利润率和效率、更高的市场退出率和法律诉讼率等。来源国劣势则是针对新兴经济体跨国企业国际化面临的独特挑战而提出的新概念，是指跨国企业的"来源国/母国"对企业国际化产生的负面影响（杨勃、刘娟，2020）①，导致跨国企业在东道国遭遇歧视。

　　鉴于影响跨国企业合法性的因素众多，跨国企业获取合法性的策略也具有复杂性和多样性特征。已有研究表明，跨国企业可以通过制度同构（Salomon 和 Wu，2012）②、制度创业（Regnér 和 Edman，2014）③、企业社会责任（Cuervo-Cazurra 和 Genc，2008）④、组织身份变革（杜晓君等，2015）⑤、话语策略（刘云和 Wang，2017）⑥等获取合法性。例如，跨国企业可以通过遵守东道国法律法规、社会规范及文化，模仿东道国本土企业的组织结构、商业惯例等方式进行制度同构，获取东道国利益相关者

---

① 　杨勃、刘娟：《颠覆性环境下的组织身份变革与战略变革——比较研究及整合框架构建》，《商业研究》2020 年第 5 期。

② 　Salomon，Robert，Zheying Wu，"Institutional Distance and Local Isomorphism Strategy"，*Journal of International Business Studies*，Vol.43，No.4，2012，pp.343-367.

③ 　Regnér，Patrick，Jesper Edman.，"MNE Institutional Advantage：How Subunits Shape，Transpose and Evade Host Country Institutions"，*Journal of International Business Studies*，Vol.45，No.3，2014，pp.275-302.

④ 　Cuervo-Cazurra A.，Genc M.，"Transforming Disadvantages into Advantages：Developing Country MNEs in the Least Developed Countries"，*Journal of International Business Studies*，Vol.39，2008，pp.957-979.

⑤ 　杜晓君、杨勃、齐朝顺、肖晨浩：《外来者劣势的克服机制：组织身份变革——基于联想和中远的探索性案例研究》，《中国工业经济》2015 年第 12 期。

⑥ 　刘云、Wang G.Greg：《基于评价者视角的组织合法性研究：合法性判断》，《外国经济与管理》2017 年第 5 期。

的可理解性、恰当性以及合意性感知,提高利益相关者对跨国企业的接受度。同时,跨国企业也可以通过制度创业在东道国获取合法性,如影响和改变东道国制度环境,重塑利益相关者的认知和态度(Ramachandran 和 Pant,2010)①,但制度创业获取合法性的难度显著高于制度同构。例如,为了获取合法性,新兴市场跨国企业首先需要挑战发达国家利益相关者对其持有的负面的"理所当然的信念"(taken-for-granted beliefs),重新建立新认知。

然而,上述研究都基于"非数字化"情境,而对数字经济时代涌现出的新影响因素(如数据安全)缺乏解释力。在数字化和智能化快速发展背景下,数据已成为关键生产要素,而数据安全也被视为关乎国家安全、企业竞争优势的主导因素(范柏乃、盛中华,2024)②。在国际化情境下,数据是跨国企业(特别是数字跨国企业)国际化的关键生产要素(Rong 等,2025③;Yang 等,2025④),企业高度依赖采集和分析东道国用户数据来为用户提

---

① Ramachandran J.,Pant A.,"The Liabilities of Origin:An Emerging Economy Perspective on the Costs of Doing Business Abroad",*The Past,Present and Future of International Business & Management*,Vol.23,No.6,2010,pp.231-265.

② 范柏乃、盛中华:《数字风险治理:研究脉络、理论框架及未来展望》,《管理世界》2024 年第 8 期。

③ Rong K.,Ling Y.,Yang T.,Huang C.,"Cross-border Data Transfer:Patterns and Discrepancies",*Journal of International Business Policy*,Vol.8,No.1,2025,pp.1-23.

④ Yang B.,Bai W.,Chen Y.,Rong K.,"Internationalization of Digital Firms:A Systematic Review and Research Agenda",*Journal of Business Research*,Vol.189,2025,pp.1-15.

供产品和服务,如社交媒体平台、电子商务企业。然而,东道国用户数据在给企业带来价值的同时,也使企业面临因数据安全引起的合法性挑战(Luo,2022)。数据具有虚拟性、弱稳定性、强流动性、易复制性等特征(Rong 等,2022),使得数据在采集、传输、存储和使用过程中更容易遭遇安全风险。一些数字企业因数据安全事件(如用户数据泄露)在东道国遭遇合法性挑战,如 2021 年 Facebook 因用户数据泄露而遭遇爱尔兰政府 2.65 亿欧元巨额罚款。同时,很多国家为保护本国用户数据安全,都在不断加强数据安全监管,对数字企业采集和存储本国用户数据提出了更高的要求,这也导致数字企业面临越来越严格的监管风险。

然而,在现实中一些数字企业并未真实发生过的数据安全事件,却因东道国的"数据安全感知"(data security perception)而遭遇合法性挑战。近年来,中国数字企业国际化频繁遭遇由东道国数据安全感知带来的合法性挑战,如 TikTok(被多个国家认为存在数据安全风险)、华为(被认为采集和转移东道国数据)、大疆(美国联邦调查局声称大疆存在数据泄露风险)等。与真实发生的数据安全事件相比,数据安全感知是指东道国利益相关者对数字企业是否有"意愿"或"能力"保护本国用户数据的一种假设和刻板印象。当前世界各国都在加快制定跨境数据流动限制政策,对外国企业采集和利用本国数据进行更加严格的监管,其背后的逻辑是对外国企业数据安全的零信任假设。

事实上,与真实发生的数据安全事件相比(发生概率相对较小),东道国数据安全感知对数字企业合法性的负面影响更为普遍和严峻,但当前理论界对数据安全感知如何发生、如何影响企业合法性缺乏理解。

研究发现,数据安全感知包括国家、社会和个人三个层面,并导致数字企业难以在东道国获取规制、规范和实用合法性。数字企业的组织身份是利益相关者评判数据安全的重要参考点,其背后更深层次的原因是东道国与母国的政治关系、数字企业与母国的从属关系以及数字企业与东道国的嵌入关系。为应对数据安全感知带来的合法性挑战,数字企业通过认知创业战略影响和重塑利益相关者的刻板认知,包括认知替换、认知增补和认知差异化三种机制。通过识别影响数字企业海外合法性的新因素(即数据安全感知),本章拓展了数字企业合法性的影响因素研究。同时,通过归纳数字企业应对数据安全感知的内在机制,本章归纳出认知创业新战略,拓展了数字企业合法性获取策略研究。

第二节　数据安全感知对数字企业
合法性的影响

本章采用探索性的案例研究方法,以字节跳动旗下 TikTok

在美国市场的经营为例,归纳东道国数据安全感知影响数字企业合法性的内在机制及其应对战略。选择该案例的原因如下:第一,TikTok自2017年进入海外市场以来就风靡全球,截至2024年12月,全球下载量已超过57亿次,月度活跃用户数突破17亿,成为全球最受欢迎的社交应用之一。在美国市场,TikTok的用户达到1.7亿,占美国人口的一半左右。TikTok之所以能够成为全球领先的短视频社交平台,得益于平台广泛收集和分析用户数据,并借助人工智能技术对数据进行分析。然而,用户数据在给TikTok创造价值的同时,也可能涉及个人隐私甚至国家安全,导致TikTok国际化频繁遭遇由东道国数据安全感知引起的合法性挑战。例如,从2019年开始,TikTok就不断遭遇美国政府的合法性质疑,其背后的原因与数据安全密切相关。第二,为了应对数据安全感知带来的合法性挑战,TikTok采取了一系列应对策略。例如,TikTok积极在美国市场开展政府游说和媒体公关,制定"德克萨斯计划",积极接受美国外资投资委员会的定期审计,这些策略的目的是改变利益相关者的刻板印象。第三,TikTok在美国市场经营近8年时间,其面临的数据安全感知与合法性挑战具有较高的极端性,类似案例较少,符合单案例研究的极端性标准。

　　数据分析表明,东道国利益相关者对TikTok的数据安全感知表现在国家、社会和个人三个层面,认为TikTok的数据安全会影响本国国家安全、社会规范以及个人隐私,进而对其合法性产生质疑。此外,组织身份是影响东道国数据安全感知的关键因素,而其背后是东道国与母国政治关系、TikTok 与母国的从属关系以及 TikTok 与东道国的嵌入关系共同作用的结果。

数据安全感知是指东道国利益相关者对 TikTok 是否有"意愿"和"能力"保护用户数据的主观判断和评价。其中,"意愿"反映东道国对 TikTok 数据安全保护动机的认知,"能力"反映东道国对 TikTok 数据安全保护能力的认知。数据分析表明,东道国数据安全感知表现在国家、社会和个人三个层面,并对 TikTok 的合法性产生负面影响。

在国家层面,东道国政府认为 TikTok 会将本国用户数据转移到企业母国,进而威胁本国国家安全。尽管 TikTok 的数据都存储在美国本土公司甲骨文的服务器上,并严格遵守美国数据安全保护法律,但美国政府仍然认为 TikTok 有动机将数据转移到母国。2020 年 9 月,美国政府认为 TikTok 会自动从用户获取大量信息,如位置、浏览和搜索历史记录,这些数据会威胁到美国国家安全。2024 年 3 月,美国国会众议院提出《保护美国人免受外国对手控制的应用程序侵害》法案,将 TikTok 列入"受外国对手控制的应用程序",并认为其对"美国的国家安全构成威胁"。

在社会层面,东道国利益相关者认为 TikTok 会利用平台的数据算法给用户推送有害内容,散播虚假消息。例如,美国国会担心 TikTok 可能会成为传播虚假信息的工具。美国安全专家表示,TikTok 搜集到的数据可以通过虚假信息活动来影响美国人。

在个人层面,东道国利益相关者认为 TikTok 会对用户个人隐私构成威胁。TikTok 记录用户的浏览记录、位置和社交媒体等数据,这些数据对平台的个性化推荐、广告投放等商业运营至关重要。然而,东道国利益相关者认为这会导致用户数据泄露和隐私侵犯,损害本国国民的合法权益。

东道国数据安全感知导致 TikTok 难以获取三类合法性:规制合法性、规范合法性和实用合法性。首先,TikTok 被美国政府认为涉及收集美国用户的敏感数据,违反了《外国投资风险评估现代化法案》,导致 TikTok 面临规制合法性挑战。其次,东道国认为 TikTok 在为用户提供交流平台的同时也引发了一系列社会问题,认为 TikTok 向用户推送有害内容,散播虚假消息等,导致企业面临规范合法性挑战。在实用合法性方面,东道国利益相关者认为 TikTok 将用户数据泄露给其他盈利性应用程序赚取利益,进而损害了用户的个人利益。

第三节　数据安全感知的应对策略:
认知创业

为了应对东道国数据安全感知带来的合法性挑战,数字企业可以采取认知创业策略。认知创业是指企业试图影响、改变和重塑东道国利益相关者认知的过程,既是一种认知层面的制度创业,也是一种"破旧立新"式的认知管理策略。认知创业之所以是应对数据安全感知、获取合法性的基本策略,是因为数据安全感知本质上是一种"认知"层面的误解和偏见。因此,改变东道国利益相关者的认知是获取合法性的基本路径。案例研究表明,TikTok 主要采取三种认知创业机制:认知替换、认知增补和认知差异化。

一是认知替换机制,即数字企业用正确认知(积极认知)替换东道国利益相关者的错误认知(消极认知),试图改变利益相关者对企业数据安全持有的负面刻板认知。案例分析表明,TikTok 的认知替换主要包括三个方面:一是用"数据严格存储在美国"替换"数据会被转移到中国"的错误认知。二是用"企业独立于母国"替换"企业受母国政府影响"的错误认知。三是用"充分保护用户数据和隐私"替换"用户数据滥用和泄露"认知。

从具体的认知替换策略看,TikTok 通过"话语策略"和"信号显示策略"对负面的数据安全认知进行替换。话语策略是指将语言作为沟通媒介,向东道国利益相关者解释和陈述企业真实的数据安全。2019 年,在被美国政府和媒体认为存在数据安全风险后,TikTok 积极与美国政府、媒体和社会公众沟通,澄清企业在数据安全保护方面的投入,向利益相关者提供真实的数据安全信息。2024 年,当美国政府以国家安全为由要求剥离 TikTok 之后,TikTok 也强化了政府公关、媒体沟通和信息披露,试图通过语言沟通改变利益相关者的刻板认知。TikTok 还通过信号显示策略为其话语策略提供客观证据。2022 年,TikTok 制定了"德克萨斯计划",将所有美国用户的数据存放到甲骨文公司的数据中心。甲骨文公司作为美国本土企业,其数据安全标准和法规更为严格,有利于提高数据存储的安全性。此外,TikTok 还承诺接受美国外资投资委员会(CFIUS)的定期审计,以确保数据处理和使用符合美国法规要求。上述行为不仅是 TikTok 为确保用户数据安全的实质性策略,也是一种认知创业行为,旨在改变东道国利益相关者对其数据安全的负面感知。

二是认知增补机制。尽管认知替换机制能够向东道国利益相关者提供真实的数据安全信息,但这种机制的效果往往受到限制。为了进一步促使利益相关者对数字企业形成积极认知,还可以通过认知增补机制向利益相关者补充新认知,促使利益相关者对其形成更全面的认知。与认知替换机制直接针对数据安全开展认知创业不同,认知增补则跳出数据安全范畴,在其他认知领域开展创业活动。这些认知领域虽然与数据安全没有直接关系,但有助于利益相关者改变对数字企业的合法性感知。

案例分析表明,TikTok 主要向东道国利益相关者增补"利益共同体""情感依赖"等认知。例如,在第二轮合法性危机中,TikTok 不仅向利益相关者解释其真实的数据安全(认知替换),

还不断强调 TikTok 为美国用户和合作伙伴创造的经济价值和
情感价值,并强调封禁 TikTok 会导致东道国用户和合作伙伴的
利益受到严重损失(认知增补)。例如,TikTok 强调为美国 1.7
亿用户创造的价值,大量美国用户依赖 TikTok 获取经济收益。
TikTok 为美国 700 万中小企业提供低成本、高效率的营销平台,
如果被封禁将严重影响中小企业的市场推广和生存发展。同
时,TikTok 为苹果和谷歌的应用商店带来了巨额流量和收入,
如果被封禁,两大科技巨头将面临巨大经济损失;甲骨文作为
TikTok 的云服务提供商,也会失去重要合作伙伴。

认知增补机制能否取得成功,还取决于东道国有影响力的
个人和组织是否认可 TikTok 增补的新认知。2025 年 1 月 19
日,TikTok 因美国最高法院禁令而被迫下架,但当选总统特朗
普发表声明,认为 TikTok 值得信赖,并于 1 月 20 日签署行政令
给予 75 天的宽限期,这一现象背后的原因是 TikTok 为其创造
了价值。

三是认知差异化机制,即数字企业通过塑造差异化的组织
身份来弱化负面的数据安全感知。案例分析表明 TikTok 将自
己框定为一家与母国保持独立的"全球性公司"。母公司字节
跳动虽然是一家中国民营企业,但在全球经营着许多业务,本质
上是一家全球性企业。同时,TikTok 还向东道国利益相关者强
调企业与东道国本土企业的"相似性"。TikTok 的全球 CEO 周
受资多次谈到,"TikTok 的做法与美国科技巨头做法无异,收集

的数据是同行业的其他公司经常收集的数据，并非恶意搜集使用数据"。

从时间维度看，TikTok 在美国市场的早期阶段主要采取认知替换机制，但在第二轮合法性危机中重点采取认知增补和认知差异化机制。

第四节　数字企业数据安全与合法性
研究结论与启示

一、数据安全感知与数字企业合法性

获取合法性是跨国企业在东道国生存和发展的前提条件。现有研究已对跨国企业海外合法性的影响因素进行了广泛研究，识别了制度距离、文化差异、外来者劣势、来源国劣势等因素（Peprah 等，2024）[①]，但这些研究主要基于非数字化情境，很少关注数字经济时代影响跨国企业合法性的新因素（Luo，2022）。本书研究表明，在数字经济时代，数据安全已成为影响数字企业海外合法性的重要因素。随着数据对企业、国家和个人的价值

[①]　Peprah A. A., Atarah B. A., Kumodzie‑Dussey M. K., "Nonmarket Strategy and Legitimacy in Institutionally Voided Environments: The Case of Jumia, an African E‑commerce Giant", *International Business Review*, Vol.33, No.2, 2024, p.102169.

与日俱增,数据安全也得到政府、企业、用户、媒体等利益相关者的广泛关注。数字企业掌握东道国用户的数据,这些数据被东道国利益相关者(如政府、用户等)视为敏感资源。此时,东道国对数字企业是否有意愿和能力保护用户数据的主观感知,会决定其对数字企业的合法性评价。陆(2022)的研究表明,当数字企业遭遇网络攻击和数据泄露时,将会遭遇用户的不信任以及政府的法律制裁,但 TikTok 的案例表明,感知的数据安全也是影响数字企业合法性的重要因素。

数字企业的组织身份是影响东道国数据安全感知的关键因素,但其背后也嵌入了多种外部因素。组织身份不仅决定组织内部成员的认知和行为,也决定外部利益相关者对组织行为的预期和心理编码(Tripsas,2009[1];Dutton 和 Dukerich,1991[2])。利益相关者会根据组织的身份对其行为作出评估和预期(即身份编码)。当利益相关者对数字企业的组织身份产生不信任时,也会对其数据安全产生信任危机。相反,欧洲数字企业在美国较少因为组织身份而遭遇数据安全感知。上述现象表明,由"谁"(组织身份)来使用数据会影响东道国的数据安全感知,特别是当数字企业母国与东道国的制度距离较大时。

① Tripsas,Mary,"Technology,Identity,and Inertia Through the Lens of The Digital Photography Company",*Organization Science*,Vol.20,No.2,2009,pp.441-460.

② Dutton J.E.,Dukerich J.M.,"Keeping An Eye on the Mirror:Image and Identity in Organizational Adaptation",*Academy of Management Journal*,Vol.34,No.3,1991,pp.517-554.

将数据安全因素引入数字企业合法性研究,有助于在数字经济时代扩展合法性理论。首先,数据是数字经济的关键生产要素,也是决定跨国企业国际化成败的关键(Rong 等,2025)。数字企业高度依赖东道国数据开展生产、运营、营销和用户互动,社交媒体平台、电子商务企业等数字企业需要不断积累东道国数据才能创造价值。但是,这些数据不仅给数字企业带来优势,也可能带来风险,因为用户数据也会涉及东道国用户的个人隐私、社会规范和国家安全。其次,当前世界各国都高度重视数据安全监管,特别是针对数字企业设置更加严格的数据采集、存储、传输和利用标准,如欧盟出台《通用数据保护条例》(GDPR)对数字企业数据安全提出更为严苛的要求(马述忠等,2023)[1]。因此,在数字经济时代,数据安全已成为影响数字企业合法性的重要因素。

二、认知创业与数据安全感知

苏奇曼(Suchman,1995[2])将合法性定义为"一种普遍的感知或假设,即某一实体的行为在某种社会建构的规范、价值观、信仰及定义体系内是合意、正当或适当的",这意味着合法性本质上是利益相关者对组织的一种感知或假设,具有认知属性。

---

[1]　马述忠、吴鹏、房超:《东道国数据保护是否会抑制中国电商跨境并购》,《中国工业经济》2023 年第 2 期。

[2]　Suchman M. C.," Managing legitimacy: Strategic and Institutional Approaches", *Academy of Management Review*, Vol.20, No.3, 1995, pp.571-610.

与此同时,数据安全感知是东道国对数字企业是否有意愿和能力保护用户数据的一种感知或假设,同样具有认知属性。换言之,无论是合法性还是数据安全感知,都与利益相关者的认知密切相关,这意味着应对数据安全感知带来的合法性挑战需要从认知层面进行切入。

认知创业是本章归纳出的核心概念,其涌现过程建立在对案例数据和相关理论的持续比较中。数字跨国企业应对负面数据安全感知的过程实质上是试图改变东道国利益相关者的认知,这些刻板认知根植于东道国对企业母国形成的"制度化"的刻板认知(杜晓君等,2015)①。事实上,近期关于来源国劣势的研究已经指出,东道国利益相关者常常根据跨国企业的来源国对企业产品、能力、投资动机、与母国政府的关系等进行感知和判断(杨勃、刘娟,2020)。东道国对数字企业数据安全的感知也深受企业来源国的影响。因此,应对数据安全感知带来的合法性挑战,需要企业改变利益相关者的刻板认知,本章将这一过程定义为认知创业。换言之,认知创业是指"跨国企业逐步影响、修正和重塑东道国利益相关者旧认知、并逐渐建立新认知的过程",其目标是改变利益相关者对跨国企业持有的负面刻板认知,促使利益相关者对企业形成正确、积极的新认知。

本章进一步归纳了三种认知创业机制:认知替换、认知增补

---

① 杜晓君、杨勃、齐朝顺、肖晨浩:《外来者劣势的克服机制:组织身份变革——基于联想和中远的探索性案例研究》,《中国工业经济》2015年第12期。

和认知差异化。认知替换是指用正确、积极的认知替换利益相关者错误和负面的认知(用"A 认知"替换"-A 认知"),其目的是"纠正"错误认知,使利益相关者对跨国企业形成正确认知。

认知增补是在利益相关者已有认知的基础上增加新认知,促使利益相关者对跨国企业形成更加多元化的认知。从内在机制看,刻板认知具有显著的"片面化"特征,即利益相关者对跨国企业的认知往往因为信息缺失而呈现片面化和单一化。认知增补机制则是针对刻板认知的"片面化"特征开展的认知创业,向利益相关者增加新信息,促使利益相关者对企业形成更全面和多元化的认知。与认知替换机制是对利益相关者"已有认知"进行修改不同,认知增补机制则是在已有认知的基础上增加新认知。认知增补机制之所以有助于帮助企业提升合法性,是因为该机制能够针对东道国利益相关者的合法性偏好增补相对应的信息,进而帮助企业"创造"合法性认知(Oliver,1991)[1]。

认知差异化既不是完全改变已有认知,也不是完全创造新认知,而是对已有认知进行差异化的解释。认知差异化机制的来源于组织身份理论,即跨国企业通过塑造差异化的身份"远离"母国制度形象(Ramachandran 和 Pant,2010)[2]。刻板认知

---

[1]　Oliver C. "Strategic Responses to Institutional Processes", *Academy of Management Review*, Vol.16, No.1, 1991, pp.145-179.

[2]　Ramachandran J., Pant A., "The Liabilities of Origin: An Emerging Economy Perspective on the Costs of Doing Business Abroad", *The Past*, *Present and Future of International Business & Management*, Vol.23, No.6, 2010, pp.231-265.

是社会公众对某一特定群体形成的统括性认知,具有同质化特征(即"以偏概全")。已有研究表明,打破刻板认知的一种策略是塑造"差异化认知",将组织从"群体"中排除在外,使组织成为群体中的"例外"。

三、结论与贡献

在数字经济时代,数据安全已成为影响数字企业合法性的重要因素。不同于现有研究主要关注真实发生的数据安全事件对数字企业合法性的影响,本章关注东道国数据安全感知对数字企业合法性的影响机制。基于组织合法性理论和数据安全的感知视角,本章采用探索性案例研究方法,以 TikTok 在美国市场 2017—2025 年的发展历程为例,归纳东道国数据安全感知对数字企业合法性的影响机制与应对战略,研究发现:第一,东道国利益相关者对数字企业的数据安全感知包括国家、社会和个人三个层面,并根据数据安全感知对企业合法性进行评判。当东道国认为数据安全会对本国国家安全、社会规范和用户隐私产生负面影响时,将对数字企业的数据采集、存储和使用产生合法性质疑。第二,数字企业的组织身份是影响东道国数据安全感知的重要因素,即东道国会根据"跨国企业是谁"来评判其是否有意愿和能力保护用户数据。进一步分析表明,东道国对跨国企业组织身份的感知受东道国与母国的政治关系、跨国企业与母国的从属关系以及跨国企业与东道国的嵌入关系共同影响。第三,跨国企业可以通过认知创业应对数据安全感知带来的合法性挑战,其目的是影响和改变东道国利益相关者的刻板认知,促使利益相关者对企业形成积极的新认知。认知创业包括认知替换(利用正确认知替换错误认知)、认知增补(在现有认知图谱上增加新认知)和认知差异化(对已有认知框架进行差异化解读)三种机制。

本章对跨国企业合法性研究与数据安全的感知视角具有理论贡献。首先,将数据安全感知作为一种新因素引入跨国企业合法性研究,为解释跨国企业合法性提供新视角,有助于在数字经济时代丰富和扩展组织合法性理论。尽管已有研究对跨国企业合法性的影响因素进行了丰富探讨,但这些研究主要基于非数字化情境和传统跨国企业。随着数字全球化的快速发展,基于数据驱动的数字跨国企业在全球市场快速成长,但其国际化也面临数据安全带来的合法性挑战。特别是随着数据安全对东道国国家安全、社会价值观和个人隐私的影响不断提升,东道国对跨国企业的数据安全监管不断趋紧(Rong 等,2025)。因此,将数据安全引入跨国企业合法性研究具有重要的理论和现实意义。其次,与已有研究主要关注真实发生的数据安全事件对跨国企业的影响不同(Luo,2022),本章从数据安全的感知视角探讨数据安全对跨国企业合法性的影响。与真实发生的数据安全事件相比,数据安全感知对跨国企业的影响更具普遍性。感知视角也从微观层面解释了当前广泛研究的跨境数据监管政策(马述忠等,2023),即东道国通常会对外国企业设置更严格的数据跨境流动与安全审查标准,从而导致跨国企业面临基于数据安全的新型外来者劣势。

第二,从组织身份(即数据使用者的身份)理论视角解释东道国数据安全感知的形成机制,并识别了影响东道国身份感知的三种因素,为东道国数据安全感知的成因提供解释。真实发生的数据安全事件通常由技术和管理等因素(如网络攻击、内部人员数据泄露)引起(Luo,2022),但数据安全感知则与政治、文化和社会等因素密切相关。当母国与东道国的双边政治关系紧张、跨国企业被认为与母国存在紧密关系时,东道国利益相关者会根据跨国企业的组织身份来评判其数据安全。组织身份视角突出了数据使用主体的重要性,即由"谁"来掌握和使用数据比"如何"掌握和使用数据更能够影响东道国对数据安全的感知。

第三,归纳数字企业应对数据安全感知与合法性的过程机制,提出认知创业策略,拓展了跨国企业合法性的应对策略研究。现有研究对跨国企业如何获取合法性进行了广泛探讨,并提出了两种基本策略:制度同构(改变自己适应环境)和制度创业(改变环境创造合法性)。认知创业遵循制度创业的理论思想,即通过主动改变东道国制度环境带来获取合法性(Ramachandran 和 Pant,2010)。但不同于现有研究主要关注正式制度创业（如政策、法律和规则）（García – Cabrera 和 Durán – Herrera, 2016）①, 认知创业聚焦于"认知"层面的制度创业, 是改变和重塑东道国的认知制度, 如利益相关者长期形成的刻板认知。其次, 认知创业是应对数据安全感知挑战的基本战略, 因为无论是数据安全感知还是合法性判断, 都是利益相关者对跨国企业的一种主观感知, 具有认知属性。因此, 认知创业策略从微观认知视角探讨合法性, 能够为跨国企业获取合法性提供微观视角。

　　本章对数字企业如何应对由数据安全感知引起的合法性挑战具有启示意义。第一, 重视东道国数据安全感知对企业合法性带来的挑战。当前世界各国对数据安全的监管日益严格, 并对跨国企业合法性带来挑战。跨国企业首先需要采取严格的数据安全治理策略, 真正确保数据安全, 防止出现数据泄露事件而遭遇声誉危机; 同时, 企业还需要重视由东道国数据安全感知引起的合法性挑战, 积极与东道国利益相关者沟通, 陈述企业数据安全治理实践, 并通过数据本地化存储、第三方审计、数据安全报告披露等方式向外界显示数据安全。第二, 对企业的组织身份进行管理。一些中国跨国企业在进入发达国家时选择"隐藏"中国身份来获取合法性, 如在东道国当地注册公司, 或与当

---

① García-Cabrera, A.M., Durán-Herrera, J.J., "MNEs as institutional entrepreneurs: A dynamic model of the co-evolutional process", *European Management Journal*, Vol.34, No.5, 2016, pp.550-563.

地公司成立合资企业。对于通过数字技术出海的中国企业而言,企业可以将东道国数据委托给当地合作伙伴进行管理,自身专注于数字技术研发和服务,以此消除东道国的数据安全担忧。从国家层面看,政府应该重视全球数据安全治理国际合作,与东道国政府在数据安全保护、跨境数据流动规则、用户隐私保护等方面合作,为企业国际化提供良好的制度环境。例如,与东道国政府共同制定数据安全保护标准和规范,增强东道国对中国企业数据安全的信任。建立数据安全国际互认机制,推动数据安全认证和评估结果在东道国得到认可。此外,政府可以为企业提供数据安全治理指导,帮助企业了解东道国数据安全法规和监管要求,提升企业数据安全治理能力。

第七章 生态系统战略与数字
企业国际化

构建数字生态系统是数字企业国际化的重要战略,但现有研究对数字企业如何在海外构建生态系统缺乏理解。本章探讨数字企业国际化的生态系统战略,重点关注数字企业如何通过母国生态链接构建海外生态系统,最终形成母国生态与海外生态的循环赋能。

第一节 生态系统理论

近年来,生态系统理论(ecosystems theory)得到学术界的广泛关注（Jacobides 等，2018[1]；Kolagar 等，2022[2]）。起源于生物学领域的生态系统是指在一定时间和空间范围内，由生物种群及其所处环境构成的物质循环和能量流动系统（魏江等，2023）[3]。当前研究对不同类型的生态系统进行了研究（Gupta 等，2019[4]；Senyo 等，2019[5]；王冰等，2022[6]；焦豪，2023[7]），包括商业生态系统（Moore，1993）[8]、创新生态系统（Adner 和 Kapoor，2010[9]；Oh 等，2016[10]；

---

[1] Jacobides, M. G., Cennamo, C., Gawer, A., "Towards A Theory of Ecosystems", *Strategic Management Journal*, Vol.39, No.8, 2018, pp.2255-2276.

[2] Kolagar, M., Parida, V., Sjödin, D., "Ecosystem Transformation for Digital Servitization: A Systematic Review, Integrative Framework, and Future Research Agenda", *Journal of Business Research*, Vol.146, 2022, pp.176-200.

[3] 魏江、王颂等：《企业创新生态系统》，机械工业出版社 2023 年版，第 15 页。

[4] Gupta R., Mejia C., Kajikawa Y., "Business, Innovation and Digital Ecosystems Landscape Survey and Knowledge Cross Sharing", *Technological Forecasting and Social Change*, Vol.147, 2019, pp.100-109.

[5] Senyo, P. K., Liu, K., Effah, J., "Digital Business Ecosystem: Literature Review and a Framework for Future Research", *International Journal of Information Management*, Vol.47, 2019, pp.52-64.

[6] 王冰、毛基业、苏芳：《从科层制组织到企业级生态系统——非预设性变革的过程研究》，《管理世界》2022 年第 5 期。

[7] 焦豪、杨季枫、应瑛：《动态能力研究述评及开展中国情境化研究的建议》，《管理世界》2021 年第 5 期。

[8] Moore, J. F., "Predators and Prey: a New Ecology of Competition", *Harvard Business Review*, Vol.71, No.3, 1993, pp.75-86.

[9] Adner, Ron, Rahul Kapoor, "Value Creation in Innovation Ecosystems: How the Structure of Technological Interdependence Affects Firm Performance in New Technology Generations", *Strategic Management Journal*, Vol. 31, No. 3, 2010, pp.306-333.

[10] Oh D.S., Phillips F., Park S., et al., "Innovation Ecosystems: A Critical Examination", *Technovation*, Vol.54, 2016, pp.1-6.

De Vasconcelos Gomes 等，2018[①]；Granstrand 和 Holgersson，2020[②]；陈衍泰等，2021[③]）、平台生态系统（Kapoor 等，2021[④]；Kretschmer 等，2022[⑤]；王节祥等，2021[⑥]）、数字生态系统（Hein等，2020[⑦]；王永贵等，2023[⑧]；Subramaniam 等，2019[⑨]）等。

摩尔将商业生态系统定义为一种"基于组织互动的经济联合体"，"是一种由客户、供应商、主要生产商、投资商、贸易合作伙伴、标准制定机构、工会、政府、社会公共服务机构和其他利益相关者等具有一定利益关系的组织或群体构成的动态结构系

---

① De Vasconcelos Gomes L. A., Facin A. L. F., Salerno M. S., et al., "Unpacking the Innovation Ecosystem Construct: Evolution, Gaps and Trends", *Technological Forecasting and Social Change*, Vol.136, 2018, pp.30-48.

② Granstrand, O., Holgersson, M., "Innovation Ecosystems: A Conceptual Review and a New Definition", *Technovation*, Vol.90, 2020, p.102098.

③ 陈衍泰、厉婧、程聪、戎珂：《海外创新生态系统的组织合法性动态获取研究——以"一带一路"海外园区领军企业为例》，《管理世界》2021 年第 8 期。

④ Kapoor K., Bigdeli A. Z., Dwivedi Y. K., et al., "A Socio-technical View of Platform Ecosystems: Systematic Review and Research Agenda", *Journal of Business Research*, Vol.128, 2021, pp.94-108.

⑤ Kretschmer, T., Leiponen, A., Schilling, M., Vasudeva, G., "Platform Ecosystems as Meta - organizations: Implications for Platform Strategies", *Strategic Management Journal*, Vol.43, No.3, 2022, pp.405-424.

⑥ 王节祥、陈威如、江诗松、刘双：《平台生态系统中的参与者战略：互补与依赖关系的解耦》，《管理世界》2021 年第 2 期。

⑦ Hein, A., Schreieck, M., Riasanow, T., Setzke, D. S., Wiesche, M., Böhm, M., Krcmar, H., "Digital Platform Ecosystems", *Electronic Markets*, Vol.30, 2020, pp.87-98.

⑧ 王永贵、汪淋淋、李霞：《从数字化搜寻到数字化生态的迭代转型研究——基于施耐德电气数字化转型的案例分析》，《管理世界》2023 年第 8 期。

⑨ Subramaniam, M., Iyer, B., Venkatraman, V., "Competing in Digital Ecosystems", *Business Horizons*, Vol.62, No.1, 2019, pp.83-94.

统"(Moore,1998)①。数字生态系统是近年来得到广泛关注的新型生态系统(Hein 等,2020;Marton,2022)②,其关注焦点是数字技术在生态系统中的核心作用。雅各比德等(Jacobides 等,2018)③探讨一般性的生态系统理论,将生态系统定义为"一组具有不同程度的多边、非通用互补性的行动者,这些行动者没有得到完全的科层控制"。

根据雅各比德等(2018)的研究,生态系统具有模块化、互补性、非科层控制等特征。模块化(modularity)是指生态系统由多种功能不同但相互联系的松散耦合模块组成。互补性(complementarity)是指生态参与者之间具有较强的互补关系,如资源互补、功能互补、角色互补等。非科层控制(hierarchically controlled)是指生态系统的治理不是自上而下的层级控制,生态参与者之间的决策控制在某种程度上是分布式的,而非分层设置;尽管生态领导者会制定治理规制并行使权力,但生态参与者仍然具有较大的自主权。魏江等(2023)④认为,生态系统具有参

① Moore,J.F.,"The Rise of a New Corporate Form",*Washington Quarterly*,Vol.21,No.1,1998,pp.167-181.

② Marton,A.,"Steps Toward a Digital Ecology:Ecological Principles for the Study of Digital Ecosystems",*Journal of Information Technology*,Vol.37,No.3,2022,pp.250-265.

③ Jacobides,M.G.,Cennamo,C.,Gawer,A.,"Towards A Theory of Ecosystems",*Strategic Management Journal*,Vol.39,No.8,2018,pp.2255-2276.

④ 魏江、王颂等:《企业创新生态系统》,机械工业出版社 2023 年版,第15 页。

与者一致性、成员关系多样性和协同性、系统自组织发展等特征。其中,一致性是指参与者具有共同的目标;成员关系多样性反映了生态参与者类型及其关系的多样性;协同性建立在互补性基础上,不同参与者通过优势互补形成协同创新;自组织发展表明生态系统具有一定的自主演化性。森佑(Senyo 等,2019)①认为,平台化、共生性(symbiosis)和自组织是生态系统的关键特征。

从治理视角看,生态系统被认为是一种新型治理模式,相对于市场、科层、联盟等治理模式(Jacobides 等,2018)②。王节祥和陈威如(2019)③认为,平台生态系统治理将成为未来的一种主导组织治理形态。肖红军和李平(2019)④探讨平台企业社会责任的生态化治理,认为"生态化治理就是对具有类似自然生态系统特征的事物,根据生态系统的构造原理与运行规律,以生态学中的整体系统观、平衡和谐观和可持续发展观为指引,运用类似生态系统实现健康可持续发展的方式与手段,对事物在发展与运行中所出现的问题进行审视、分析和治理生态互补者"。此外,生态治理模式具有自发性、松散耦合、参与者高度一致性

---

① Senyo, P. K., Liu, K., Effah, J., "Digital Business Ecosystem: Literature Review and A Framework for Future Research", *International Journal of Information Management*, Vol.47, 2019, pp.52−64.

② Jacobides, M. G., Cennamo, C., Gawer, A., "Towards A Theory of Ecosystems", *Strategic Management Journal*, Vol.39, No.8, 2018, pp.2255−2276.

③ 王节祥、陈威如:《平台演化与生态参与者战略》,《清华管理评论》2019年第12期。

④ 肖红军、李平:《平台型企业社会责任的生态化治理》,《管理世界》2019年第4期。

和互补性等特征(魏江等,2023[①];Jacobides 等,2018)。

第二节　母国生态链接与海外生态启动

现有研究主要关注数字企业如何在东道国建立生态系统,但作为东道国市场的"外来者"和"新进入者",外国数字企业在东道国往往缺乏用户基础和互补性资源,导致其在构建生态系统时面临"冷启动"悖论。本章发现,数字企业可以通过母国生态链接在海外市场构建生态系统,以 Shein(希音)、拼多多海外版 Temu 两个典型数字企业为例。

母国生态链接是指企业通过链接母国生态系统的资源来构建海外生态系统,而不是直接链接东道国生态资源。例如,利用国内商家和供应链资源获取海外初始用户,建立生态基础。之所以借助母国生态链接启动海外生态,是因为企业在进入海外市场初期面临"生态整合劣势"(Rong 等,2022)[②],即作为外国企业,很难对当地生态资源进行快速整合。相反,在海外生态启动阶段,借助母国已经成熟的生态资源和网络关系能够快速获

---

① 魏江、王颂等:《企业创新生态系统》,机械工业出版社 2023 年版,第 15 页。

② Rong,K.,Kang,Z.,Williamson,P. J.,"Liability of Ecosystem Integration and Internationalisation of Digital Firms",*Journal of International Management*,Vol. 28,No. 4,2022,p. 100939.

得资源,吸引海外用户加入生态。

第一,链接母国供应链网络资源。Shein 和 Temu 在进入海外市场初期并不是直接在东道国建立新的供应链网络,而是直接利用母国的供应链网络资源吸引海外用户加入。例如,中国国内的电子商务行业已经快速发展 30 多年,供应链网络系统非常完善和成熟,拥有大量供应链资源。Shein 进入海外市场时,其供应链均位于中国国内。珠三角地区拥有成熟的服装产业和大量的"淘工厂",很多企业拥有长期的外贸加工经验,能够迅速为 Shein 提供产品,压缩时间成本,快速为海外用户提供低价格、差异化的产品,从而吸引了大量用户加入生态系统。作为全球领先的电商平台,Temu 的核心优势也来源于母公司拼多多在国内的供应链资源,从而快速吸引海外用户加入生态系统。国内成熟的供应链网络资源帮助 Temu 在海外市场快速构建物流基础,降低了对东道国当地供应链生态的依赖,克服生态整合劣势。

第二,链接母国商家资源。作为电子商务平台,第三方商家资源是 Shein 和 Temu 的重要生态参与者,为最终用户提供商品。然而,作为东道国市场的外来者,Shein 和 Temu 在进入东道国初期很难吸引当地商家入驻平台。因此,两家公司都将链接母国商家作为海外生态启动的基础。Temu 自 2022 年 9 月 1 日在海外上线后,开始通过奖励机制吸引国内商家参与。同月 19 日,Temu 正式推出"2022 多多出海扶持计划",旨在为国内商家提供一体化的出海服务方案,吸引商家入驻 Temu 平台。

该扶持计划投入百亿级别的资源包,联合 100 个产业带,首期目标是打造 100 个出海品牌,扶持 10000 家制造企业直接连接全球市场。

第三,获取海外初始用户。通过链接母国生态资源,Shein 和 Temu 在进入海外市场初期就快速获取了初始用户,为后续构建完整的生态系统奠定了用户基础。例如,通过链接母国生态资源,Temu 以"超级低价"优势快速吸引了大量海外用户,形成了以"极致性价比"为核心的独特竞争力,吸引了大量追求性价比的海外消费者。Temu 出海的底层竞争力在于通过优化商品出海的中间环节,释放中国供应链的全球竞争力。Temu 的"全托管"模式削减了跨境中间环节,极大降低了传统外贸型工厂的出海成本,释放了更多产业红利。

第三节　母国生态链接与海外生态资源优化

虽然母国生态链接能够帮助 Shein 和 Temu 在海外启动生态,但此时海外生态的参与者仅包括用户,缺乏当地互补者(如商家、物流公司、金融、支付等)。同时,仅仅依赖母国生态资源也存在局限性,如较低的海外市场响应速度、较高的物流成本和较低的用户服务体验。因此,在借助母国生态链接启动海外生态之后,Shein 和 Temu 进一步借助母国生态链接对海外生态资源进行优化,逐渐在当地构建本土化的生态资源。

第一,构建海外物流资源。对跨境电商企业而言,长距离运输对物流速度和品质提出了更高要求,且国内物流无法直接将商品配送到海外消费者手中。为了解决"最后一公里"问题,Shein 和 Temu 都开始在东道国当地建设完整的物流生态,实现整个物流生态资源的优化。在此期间,国内物流企业将 Shein 和 Temu 平台上的众多卖家货物进行集中收集,统一安排运输,提高运输效率,降低运输成本。极兔、邮政、顺丰等国内物流企业在国内运输网络完善、配送效率高,能快速将货物从卖家仓库运送到国内港口或机场,为后续的国际运输做好准备,让海外物流企业对整体物流链条的前端环节放心。东道国物流企业在看到与 Shein 和 Temu 进行合作时有规模效应潜力时,也愿意参与到后续的运输环节。换言之,国内物流资源支持是 Shein 和 Temu 吸引海外物流资源的重要基础。

第二,借助母国数字能力对海外营销策略进行优化,进一步吸引海外用户加入生态。数字技术创新和应用领域的优势已成为推动中国数字企业国际化的重要动力。在数字平台生态系统中,用户处于核心地位,平台的功能设计、内容推荐和服务提供均以满足用户需求和提升用户体验为中心,用户的满意度和规模直接关系到平台的持续发展。Shein 和 Temu 深刻认识到这一点,在海外数字营销方面,通过利用本国数字能力优势,包括数字营销经验、大数据、智能算法等,提高海外营销效果,优化海外用户营销策略,进而实现用户规模的进一步扩大。Temu 在刚进入海外市场时通过价格优势进行线上营销,已经获取了一定量的用户基础,但为了进一步扩大用户规模,Temu 借助链接母公司拼多多的数字经验进行数字营销推广,以此在海外实现更大规模的用户增长。母公司拼多多利用大数据技术分析海外用户行为,实现精准推荐,提升海外用户的体验感。

第四节　母国生态与海外生态的动态循环

随着 Shein 和 Temu 的国外生态系统逐渐发展壮大,两家公司开始对母国生态资源和海外生态资源进行整合和迭代,利用母国生态资源进一步赋能海外生态,不断完善海外生态系统。Shein 凭借国内坚实的供应链能力、庞大的商家群体以及在海外建立的用户网络之间的密切互动,逐渐实现了"左手全球流量,右手中国供应链"的目标,形成了海外用户与国内供应链资源相互强化的循环模式,以此赋能 Shein 实现柔性供应链创新。在海外用户端,Shein 通过与谷歌、TikTok 乃至竞争对手亚马逊等本地平台企业建立生态合作关系,实现互利共赢。自 2019 年起,Shein 在 TikTok 上开设了官方账号,随着近年来"种草视频"的火热,Shein 紧跟潮流发布多样化内容,如时尚服饰和年轻人感兴趣的生活小窍门,吸引用户并扩大品牌影响力。Shein 运用谷歌趋势(Google Trends)的爆款发现器(Trend Finder)和网页抓取技术广泛搜集第三方数据,紧跟社交平台趋势,监控服装零售网站的产品变化,特别是颜色、面料和款式关键词的热度,全面了解海外消费者偏好。

在国内供应链端,2023 年平台化之前 Shein 就已经形成了柔性供应链管理模式,这一管理策略贯穿了 Shein 十余年的国际化之路,成为其最大的优势。在数字经济时代,数字技术孕育了全新的价值创造路径,推动了产业链供应链的数字化与自动化。对此,Shein 通过数字营销获取海外用户数据,为平台了解用户动向提供新路径。Shein 推出了 IT 研发中心,培育了至少100 家国内面料与辅料供应商,并上线了 B2B 供应商平台——"Shein 淘料网"。与 H&M、ZARA 等品牌相比,Shein 独特地运营着一个包含约 6000 家国内服装工厂的庞大在线市场,并推动这些工厂实现数字化制造。通过与这些工厂建立合作关系,Shein 利用数字化手段将原本分散的工厂连接起来,构建了一个专属的国内供应链数字系统。截至 2024 年底,Shein 已经形成了海外用户与国内供应商的互动循环闭环,实现了母国生态与海外生态的双向赋能。

Temu 作为跨境电商领域的一匹黑马,自 2022 年上线以来一直采取低价策略,吸引了大量用户。然而,随着亚马逊正式推出低价策略,Temu 也明显感受到了竞争压力。例如,亚马逊的配送时效让消费者能够体验到更快且更经济的服务,Temu 的配送时效已成为亟待优化的关键问题。于是 Temu 通过吸引母国更强大的商家群体,号召东道国海外仓企业的发展,形成了"吸引商家入驻以丰富平台品类、拓展海外仓规模化发展"的良性循环,从而实现了半托管模式的创新。

Temu 的半托管模式通过重构海内外资源协同机制,构建了跨境生态系统的双向赋能体系。该模式下,商家需具备海外仓储能力及本土配送资源整合能力,通过自主选择尾程物流服务商,形成商家与海外物流服务商的深度绑定。这种模式转变催生了"国内供给—海外基建"的循环生态。国内商家依托海外仓布局降低出海风险,东道国物流服务商则通过承接平台订单实现业务扩张。海外仓网络的扩展为国内商家提供了前置库存与快速响应保障,使其能够突破跨境物流时效瓶颈,由此吸引更多产业的商家入驻。商家群体的扩容带来商品品类的多元化,进而提升平台对海外消费者的吸引力,推动订单量增长;订单增长进一步反哺海外仓发展,促使物流服务商优化网络密度与配送效率,形成"商家入驻—订单增长—基建完善"的正反馈循环。

本章从母国生态链接视角探讨数字平台企业国际化如何克服东道国生态整合劣势,实现母国与东道国生态资源的动态循环。总体而言,母国生态链接应对海外生态整合劣势的过程机制包括三个阶段:第一个阶段是母国生态链接构建海外生态基础,即依托母国商家和供应链网络支持,降低东道国生态建设难度,并获取初始用户。第二个阶段是母国生态链接推动海外生态资源优化,借助母国数字技术扩大用户规模,同时利用母国物流资源获取东道国物流支持,构建完整的海外物流网络。第三个阶段是母国生态与东道国生态资源循环赋能平台生态创新,通过整合母国与东道国生态资源,形成双向循环机制。本章对中国数字平台企业如何在国际竞争中克服东道国生态整合劣势、构建海外生态系统具有启示意义。

第八章　资源编排战略与数字
企业国际化

数字平台企业国际化高度依赖东道国当地的互补性资源。虽然很多数字平台企业拥有领先的数字资源（如数字技术、数据资产），但国际化仍以失败告终，究其原因是无法将自身拥有的数字资源与东道国互补性资源进行整合。因此，研究数字平台企业如何整合数字资源和东道国互补性资源具有重要的理论和现实意义。本章基于资源编排理论，采用探索性单案例研究方法探究数字平台企业如何通过资源编排战略整合母国数字资源和东道国互补性资源，从而实现资源组合和价值创造。

第一节　数字资源、互补性资源与资源编排理论

数字资源是指以数字形式存在的、可以通过计算机系统访问和使用的资源,如数字技术、数字内容、云计算资源、人工智能算法等。互补性资源是指与产品或服务相结合时能增加其价值的资源,这些资源可以是物质的也可以是非物质的,如电商平台上的物流、金融、商家、合作伙伴和网络等资源。数字资源通常专注于技术和数据方面,而互补性资源则更加多样化,包括技术以外的物理、财务和组织方面的要素。

关于数字平台企业国际化,当前研究主要从内部化理论或交易成本理论视角研究数字平台企业的国际化扩张,关注母国数字资源转移。也有学者基于外部化逻辑研究数字平台企业国际化,关注东道国互补性资源获取。然而,成功实现国际化不仅需要数字平台企业转移母国数字资源,还需要获取和整合东道国互补性资源。例如,阿里巴巴在进入海外市场时不仅依赖于其领先的数字技术,还高度依赖东道国当地的物流、第三方卖家、保险、政府和其他合作伙伴。只有将公司的数字资源与东道国互补性资源进行有效整合,阿里巴巴才能够给海外用户创造价值。然而,当前理论界对数字平台企业如何整合数字资源和

互补性资源缺乏理解。

彭罗斯(Penrose)在《企业成长理论》中将企业定义为"资源的集合体",并认为无论是实物资源,还是人力资源,都可能成为企业竞争优势的来源。在维尔纳费尔特(Wernerfelt,1984)①看来,企业如果想实现高额利润,必须拥有异质性资源、知识和能力。巴尼(Barney,1991)②进一步指出,这些资源应该包括组织结构、品牌、信息、能力和员工综合素质等方面。然而,在这一阶段,资源基础理论研究局限于静态视角,缺乏对不断变化外部环境因素的考虑,忽视了企业资源的有效获取和配置。接着,蒂斯等(Teece等,1997)③提出了动态能力理论,认为动态能力是指能够适应不断变化市场环境的能力,强调对静态资源进行动态管理,有效地弥补了传统资源基础理论的不足,为资源基础理论的进一步发展提供了新视角和理论支撑,从而形成了新的动态资源基础观。动态能力的核心维度包括环境感知能力、资源整合能力与优势重构能力(Augier和Teece,2008④;刘飞等,2010⑤)。

---

① Wernerfelt, B., "A Resource-based View of the Firm", *Strategic Management Journal*, Vol.5, No.2, 1984, pp.171-180.

② Barney J., "Firm Resources and Sustained Competitive Advantage", *Journal of Management*, Vol.17, No.1, 1991, pp.99-120.

③ Teece, D. J., Pisano, G., Shuen, A., "Dynamic Capabilities and Strategic Management", *Strategic Management Journal*, Vol.18, No.7, 1997, pp.509-533.

④ Augier M., Teece D. J., "Strategy as Evolution with Design: The Foundations of Dynamic Capabilities and the Role of Managers in the Economic System", *Organization Studies*, Vol.29, No.8-9, 2008, pp.1187-1208.

⑤ 刘飞、简兆权、毛蕴诗:《动态能力的界定、构成维度与特性分析》,《暨南学报(哲学社会科学版)》2010年第4期。

　　资源编排理论是对资源基础观与动态能力观的结合,强调静态资源与动态能力之间的依存关系。这一理论指出,企业动态管理资源是其创造价值和建立竞争优势的基础。为了实现价值目标,企业需要构建与外部环境需求相匹配的能力和资源组合。这为企业如何在数字经济中整合数字技术和业务流程、增强客户体验以及创建新的商业模式等重大业务改进提供了全新的思路。资源编排理论是战略管理领域的最新前沿,该理论将资源管理和资产编排模型框架进行了融合,提出构建资源组合、捆绑资源形成能力到利用能力创造价值的资源管理流程,打开了从资源基础本身到获取可持续竞争优势的流程"黑箱"(林新奇、石嘉伟,2022)[①]。

　　资源编排的具体过程包括三个方面:一是资源构建,指企业通过获取、积累有价值资源,或剥离无用资源,从而构建企业发展所需的资源池;二是资源捆绑,指企业前期通过学习和整合资源,将它们作用于企业的能力提升中;三是资源利用,指通过资源组合和能力相连接释放资源价值,从而实现价值传递(Sirmon 等,2007[②],2011[③])。

[①]　林新奇、石嘉伟:《数字经济与管理变革的关系:研究述评及其展望》,《北京科技大学学报(社会科学版)》2022 年第 4 期。

[②]　Sirmon D. G., Hitt M. A., Ireland R. D., "Managing Firm Resources in Dynamic Environments to Create Value:Looking Inside the Black Box", *Academy of Management Review*,Vol.32,No.1,2007,pp.273-292.

[③]　Sirmon D.G.,Hitt M.A.,Ireland R.D.,et al.,"Resource Orchestration to Create Competitive Advantage:Breadth, Depth, and Life Cycle Effects", *Journal of Management*,Vol.37,No.5,2011,pp.1390-1412.

马卡多克(Makadok,2001)①强调在资源编排过程中,资源是持续竞争优势的必要条件,在零散资源基础上形成的与发展阶段相匹配的能力是中间产品,其作用在于推进资源行动与演化,提升资源利用效率。

当前,关于资源编排理论的研究主要集中在两个方向:一是围绕资源编排本身的演进过程及影响因素展开研究;二是利用资源编排理论解释一些管理问题,但相关研究成果较为零散,缺乏系统性,并且很少有文献利用资源编排理论来揭示数字平台企业国际化如何对数字资源和互补性资源进行整合。根据上述研究缺口,本章以数字平台企业为研究对象,从资源编排视角出发,研究数字平台企业国际化扩张过程中如何通过资源编排的三个子流程"资源构建—资源捆绑—资源利用"对数字资源和互补性资源进行整合,进而创造价值。研究结论不仅可以丰富资源编排理论和数字平台企业国际化理论,还可以为中国数字平台企业国际化资源利用提供理论指导。

---

① Makadok,R.,"Toward a Synthesis of the Resource-based and Dynamic-capability Views of Rent Creation", *Strategic Management Journal*, Vol.22, No.5, 2001, pp.387-401.

第二节　数字资源和互补性资源的
编排机制

为了揭示数字平台企业国际化如何对母国数字资源和东道国互补性资源进行编排和整合,本章对阿里巴巴国际化进行了探索性案例研究。研究发现,阿里巴巴主要通过母国数字资源转移、东道国互补性资源构建和获取、数字资源与互补性资源的捆绑、资源利用和价值创造四个过程对数字资源和互补性资源进行编排和整合。

一、母国数字资源转移

在进入海外市场之前,阿里巴巴在国内已经拥有丰富的数字资源,如数字技术、数据资产、人工智能算法等。当阿里巴巴进入海外市场时,首先将这些可复制的数字资源转移到东道国,以加速海外扩张之路。

第一,转移云计算与大数据资源。阿里巴巴的云计算服务与大数据处理技术都是企业重要的数字资源。云计算技术能够将数据转变成生产资料和企业资产,大数据处理技术可以通过用户数据来分析用户行为,并运用人工智能技术实现产品与内容的智能推荐。阿里巴巴在海外电商布局中通过云计算技术构建计算、存储和大数据处理能力,根据海外商家与用户的购买需求进行实时信息匹配,从而提升海外用户的购物体验。为了成功将国内成熟的云计算与大数据处理技术资源输送到东道国,阿里巴巴不断进行内部组织体系升级与外部全球布局,已在全球多个国家和地区建立了数据中心和运营网络,包括新加坡、马来西亚、印度尼西亚、日本、澳大利亚、德国、英国、阿联酋等。在这些国家,阿里巴巴利用云计算与大数据分析技术处理海量数据,为海外客户提供智能化产品推荐,提升用户购物体验,为阿里巴巴海外电商业务的发展打下了坚实基础。

第二,转移金融服务与数字支付技术资源。支付和金融服务在阿里巴巴海外电商布局中是非常重要的一环,是阿里巴巴国际化进程中不可缺少的数字资源。支付宝(Alipay)就属于数字资源中的"数字支付"类别。近年来,东南亚地区越来越多的消费者开始接受数字金融服务,数字支付约占该地区交易额的50%,现金支付占比正在不断下降。阿里巴巴的数字支付技术转移主要通过建立"Alipay+"来实现,这是一个全球性的跨境数字支付和营销解决方案。通过"Alipay+",阿里巴巴与东道国本地支付提供商建立合作关系,形成类似于万事达卡或 Visa 网络的数字支付网络。"Alipay+"已经与 15 种支付方式整合,使其合作商家能够触及超过 10 亿消费者。

二、东道国互补性资源构建和获取

数字平台企业国际化的成功不仅取决于企业所拥有的数字资源,更依赖于东道国互补者和用户拥有的互补性资源。数字平台企业在海外扩张过程中,虽然母国的数字资源可以转移到东道国,但非数字资源无法转移到东道国,需要在东道国获取当地的互补性资源。

第一,在东道国建立物流资源。物流资源是电商平台重要的互补性资源。为了在东道国建立物流资源,阿里巴巴并购了新加坡邮政,有助于在东南亚市场拓展新市场。在中东地区,阿里巴巴建立了土耳其物流中心,投资物流枢纽和数据中心,加强在土耳其的影响力。例如,被阿里巴巴收购的土耳其电商平台 Trendyol 将其"最后一公里"配送解决方案平台与快递网络提供的即时杂货和食品配送相结合,提升了配送效率和客户服务体验。

第二,在东道国获取电商资源。为了获得海外成熟电商关系网络资源,阿里巴巴多次注资东南亚电商平台 Lazada,收购土耳其电商平台 Trendyol 和南亚电商平台 Daraz 等。在东南亚地区的电商布局中,Lazada 是关键一环。自 2016 年首次注资 Lazada 后,阿里巴巴分别在 2017 年、2018 年、2022 年多次追加注资,累计投入近 50 亿美元。2023 年 4 月 18 日,阿里巴巴再次向 Lazada 注资 3.53 亿美元,推进 Lazada 在东南亚地区的发展,进一步拓宽物流网络。此外,阿里巴巴还支持 Lazada 不断完善产品和服务,提高用户体验和满意度。通过不断优化买家的参与体验,Lazada 继续扩大用户基础,从而提升阿里巴巴的收入。此外,通过投资 Lazada,阿里巴巴进一步锁定了包括新加坡、马来西亚、印度尼西亚、泰国、越南和菲律宾等国的 6 亿消费者,快速扩大海外用户规模,加速形成网络效应。

第三,在东道国构建和获取金融资源。电子支付和金融服务是阿里巴巴生态构建的重要一环。除了转移母国金融资源,阿里巴巴还在当地构建新的金融资源。例如,2019 年阿里巴巴与全球金融服务平台 Kabbage 合作,为阿里巴巴的美国客户提供"延期付款"服务。据 Kabbage 数据,阿里巴巴的全球 B2B 贸易在线平台和"延迟付款"服务允许数百万美国小企业为其订单获得高达 15 万美元的融资。2023 年 12 月底,阿里巴巴国际站获得了新加坡金融管理局批准,获得新加坡大型支付机构牌照。牌照正式生效后,阿里巴巴国际站就可以在新加坡当地提供跨境汇款、货币兑换等在内的一系列支付服务,从而加速海外扩张之路。

三、数字资源与互补性资源的捆绑

在转移母国数字资源、构建东道国互补性资源之后,阿里巴巴开始将数字资源和互补性资源进行捆绑并有效整合,形成协同效应,提高业务拓展能力和盈利能力。

第一,捆绑母国云计算、大数据资源与东道国物流资源。阿里巴巴旗下的物流公司利用阿里巴巴在云计算与大数据技术资源方面的优势,实现海外快递业务的数据化,与澳大利亚邮政、新加坡邮政、巴西邮政等本土物流公司进行资源捆绑,为这些国家的商家和买家提供高质量的跨境物流服务,助力搭建全球化的物流服务网络。例如,2014 年阿里巴巴与巴西邮政达成合作协议,巴西邮政承接阿里巴巴在巴西的跨境订单,而阿里巴巴利用母国转移的云计算、大数据技术资源对当地物流资源进行捆绑和升级,建立菜鸟网络国际版,进而为南美地区的买卖双方提供便利,为当地消费者提供跨境物流支持。此外,在与新加坡邮政的合作中,阿里巴巴将母国转移的云计算、大数据资源与新加坡邮政集团的物流网络资源进行捆绑,从而共同建设国际物流连接系统、基础设施和运送网络等。

第二,捆绑云计算、大数据资源与东道国电商资源。为了提高海外电商业务的资源利用效率,阿里巴巴将自身的云计算资源与东道国本土电商公司的资源进行捆绑,提高海外盈利能力。阿里巴巴对本土电商平台的收购并不仅仅是给予资金支持,更多是在该平台基础上进行升级,并提供自身的云计算和大数据资源支持,将其融合到阿里巴巴的生态中。例如,阿里巴巴收购 Lazada 后,对 Lazada 平台的交易程序进行了优化改进,并将自己的大数据、人工智能和云计算技术转移到 Lazada,对 Lazada 的数字资源进行升级,然后再结合 Lazada 在当地的物流、用户网络等互补性资源实现资源捆绑,进而提升用户的购物体验。此外,阿里巴巴还利用母国转移而来的数字资源帮助土耳其邮政系统进行改良，提高当地跨境出口包裹办理效率，并以此对 Trendyol 平台的物流运输进行优化完善，升级了服务体系，提升了效率。

第三，捆绑数字支付资源与东道国金融资源。2018 年，阿里巴巴与海外金融服务公司 Kabbage 合作推出了"Pay later"模式，致力于将跨境贸易支付与小额融资服务相结合。该模式被称为"国际版花呗"，借助此模式，阿里巴巴可向美国卖家提供延期付款的贷款服务。与传统银行相比，这种融资方式更加迅速。同时，阿里巴巴利用大数据和机器学习技术来确定企业的贷款资格，实现了母国数字资源与东道国金融服务资源的捆绑。通过这种方式，也有助于阿里巴巴吸引更多美国企业加入其平台。在英国，英国跨境支付公司 WorldFirst 与支付宝在核心优势、国际业务上存在很强的互补性，为了成功打通跨境支付渠道，完善海外数字支付业务，阿里巴巴对该公司进行了收购。收购完成后，阿里巴巴将自身的数字支付技术与 WorldFirst 的金融业务资源进行捆绑，并与本土电子商务平台进行对接，进而加速海外电商业务发展。

四、资源利用和价值创造

通过母国数字资源转移、东道国互补性资源构建以及资源捆绑三个阶段，阿里巴巴逐渐实现了数字资源和互补性资源的整合利用，为企业和海外生态合作伙伴创造了价值。

第一,海外用户价值创造。通过资源捆绑和利用,阿里巴巴改善了东道国的数字支付服务、金融服务以及物流服务,极大提升了当地用户的消费体验。例如,收购 Vendio 和 Auctiva 两家公司后,阿里巴巴利用自身数字技术打通了两个平台与全球速卖通的入口,用户依然可以使用熟悉的购买界面,同时还能够享受全球速卖通提供的各种优惠和保障。Vendio 和 Auctiva 两家平台上的商户还可以利用全球速卖通从全球范围内寻找商品供应商,节省商品成本、物流运输成本以及渠道搜寻成本,进而大幅度提高了利润率。

第二,平台价值创造。阿里巴巴通过利用母国数字资源与东道国互补性资源形成的各种能力,为自身创造了价值,如提高了海外业务的盈利能力,完善了阿里巴巴的全球物流价值链,提高了阿里巴巴的全球数字化运营能力等。

第三,互补者价值创造。通过将数字资源与东道国互补性资源成功进行捆绑与利用,阿里巴巴帮助海外商家改善了数字支付服务、金融服务以及物流服务,从而帮助其扩大业务范围与市场份额,提高用户黏性。例如,阿里巴巴与新加坡邮政、巴西邮政合作,将其云计算与大数据技术应用于当地物流公司,对当地物流公司的服务系统进行升级完善,从而实现了物流成本降低以及物流服务创新。对于商家来说,缩短了产品送达顾客的时间,提高了送货效率,从而提升了顾客满意度,实现销售业绩增长。

第九章　低股权并购战略与数字企业国际化

　　跨国并购是数字企业实现快速国际化的重要战略手段，也有助于数字企业借助东道国当地企业快速学习和适应东道国数字环境，克服数字环境差异带来的挑战。现有研究表明，通过全资收购或多数股权收购（大于50%）有利于主并企业掌握并购主导权，对被并企业的战略资产、市场、品牌等进行有效整合，从而实现并购目标。然而，数字企业的跨国并购常常选择低股权模式（如少数股权并购、参股投资、战略合作互购股权），已有研究对这一独特现象缺乏理解。为什么数字企业更倾向于选择低股权并购？低股权并购战略能否帮助企业实现并购目标？本章将围绕这两个核心问题开展探索性研究。

第一节　跨国并购股权结构选择

在数字技术的推动下,近年来我国数字经济快速增长,成为推动经济高质量发展的重要力量。越来越多的传统互联网公司正在转变发展为数字平台公司,通过跨国并购这一方式开拓国际市场,并打造全球商业生态系统,构建新的国际竞争优势。企业在选择并购模式进入海外市场时会面临股权结构选择的难题:有些企业选择高股权跨国并购,却因制度和文化距离过大而无法满足当地异质性市场需求,甚至遭受当地抵制;一些企业选择了低股权跨国并购战略,却因为缺少控制权而无法获取目标企业的资源。

跨国并购股权结构选择可分为高控制模式(全资或多数股权收购)、中度控制模式(均衡股权)和低控制模式三类。持股比例决定了主并企业对目标企业的控制权大小,高股权跨国并购是一种通过收购海外目标公司50%以上的股权来获得对其实际控制权的方式。主并企业占股比例越高,越有能力对被并企业进行有效控制。选择这种方式进入海外市场的传统企业,可以利用目标公司现有的业务和资源,快速开拓海外市场。然而,高股权并购需要出海企业具备资金实力,并且在并购目标评估、整合过程中面临较大的风险。早期中国企业在海外并购中过于坚持控股收购,不但为此支付了高昂溢价,还引起了目标公司所在国家的疑虑。因此,在进行海外并购时,出海企业需要谨慎评估自身的资金规模和实力,并积极寻找合适的合作伙伴,以达到最佳的风险与回报平衡。对于那些难以承受高成本风险的企业,采取低股权并购可能是更为适合的方式。通过低股权并购,企业可以获得与合作伙伴共同发展的机会,同时也能够利用合作伙伴的资源和优势来提高自身的竞争力。与高股权并购相比,低股权并购通常意味着企业会保留目标公司原有的管理层和经营决策自主性,从而减少文化差异和管理难度带来的风险。

现有研究表明,影响跨国并购股权结构选择的因素包括制度距离、文化距离、产业相关性、政府反垄断规制和资源编排可用性等。然而,现有研究主要关注全资并购或多数股权并购,难以解释数字企业国际化更倾向于选择低股权并购的独特现象。例如,腾讯在连续跨国并购过程中很少选择全资收购,而是通过低股权收购与目标企业建立合作关系,并不强求控制权。

第二节　松散耦合理论

本章从松散耦合理论视角解释数字企业的低股权并购战略。松散耦合是指组织中各个部分之间虽然相互关联,但同时保持一定程度的独立性和自主性(Orton 等,1990)①。这种结构允许各个单元在运营中保持灵活性,同时整个组织仍能保持整体性。松散耦合概念起源于行为科学,现已成为组织研究中的一个重要概念(李会军等,2015)②。格拉斯曼(Glassman,1973)③认为,松散耦合是一种介于紧耦合和相互独立之间的状态,它允许系统在某些方面保持稳定,允许组织成员自主创造价值,同时满足系统的功能,保持系统的完整性。

韦克(Weick,1976)④将松散耦合概念引入组织管理领域,认为教育组织(如大学)是一种典型的松散耦合系统,其特点是子系统之间"既关联又独立"。奥顿(Orton 等,1990)进一步探讨了这个概念,认为松散耦合系统各元素之间的相互作用是间接和非显著的。从原因看,因果关系的不确定性、外部环境的碎片化及内部环境的碎片化是导致组织采取松散耦合结构的三个重要因素(李会军等,2015)。松散耦合系统能够使组织在动态变化的环境中保持反应性。例如,松散耦合允许组织保持一个标准化的正式结构,也允许它们的具体行动因环境而异(Meyer

---

① Orton,J. Douglas,Karl E.Weick,"Loosely Coupled Systems:A Reconceptualization",*Academy of Management Review*,Vol.15,No.2,1990,pp.203-223.

② 李会军、席酉民、葛京:《松散耦合研究对协同创新的启示》,《科学学与科学技术管理》2015 年第 12 期。

③ Glassman,Robert B.,"Persistence and Loose Coupling in Living Systems",*Behavioral Science*,Vol.18,No.2,1973,pp.83-98.

④ Weick,K. E.,"Educational Organizations as Loosely Coupled Systems",*Administrative Science Quarterly*,Vol.21,1976,pp.1-19.

和 Rowan,1977)①。此外,松散耦合有利于创造新的想法和行动,甚至是持续和局部的变化。松散耦合允许系统的内部结构不断适应外部环境和战略变化,通过在系统中增加或删除组件而不影响其他组件的功能(赵阳等,2014)②。因此,松散耦合理论揭示了复杂组织在稳定性与灵活性之间的动态平衡机制。

南比桑和陆(Nambisan 和 Luo,2021)③将松散耦合理论引入数字全球化研究,关注跨国企业在数字经济时代如何通过松散耦合应对逆全球化趋势,同时管理海外生态系统合作伙伴之间的关系。数字全球化背景下的松散耦合关注企业外部组织与内部组织的结合,南比桑和陆(2021)认为跨国企业的子公司之间应"耦合",子公司与当地合作伙伴之间应"松散"联系。

第三节　低股权跨国并购的影响因素

本章选择探索性的单案例研究方法,以中国数字企业腾讯作为研究对象,从松散耦合理论视角探讨数字平台企业低股权

---

①　Meyer,John W.,Brian Rowan,"Institutionalized Organizations:Formal Structure as Myth and Ceremony",*American Journal of Sociology*,Vol.83,No.2,1977,pp.340−363.

②　赵阳、易先清、罗雪山:《松散耦合系统动态资源组织方法研究》,《系统工程与电子技术》2014年第7期。

③　Nambisan,S.,Luo,Y.,"Toward a Loose Coupling View of Digital Globalization",*Journal of International Business Studies*,Vol.52,No.8,2021,pp.1646−1663.

跨国并购的影响因素。将腾讯作为研究对象符合以下标准：一是理论抽样原则，即根据研究问题选择合适的案例，以满足构建理论的需要。腾讯的大多数并购均为低股权跨国并购，有助于归纳低股权并购的影响因素。二是多样性原则。腾讯的跨国并购在时间、并购规模、东道国等方面体现多样性特点，以增强研究结果的外部效度。三是数据可获得原则。腾讯的跨国并购得到了国内外媒体的广泛关注，能够从公开渠道获得相关数据。

案例研究表明，驱动腾讯选择低股权跨国并购的因素主要包括三个方面：数字平台企业的特殊性、数字价值创造的多样性以及数字全球化环境的特殊性。其中，数字平台企业的特殊性包括数字技术特殊性和数字业务特殊性；数字价值创造的多样性包括市场机会多样性、创造主体多样性和行业领域多样性；数字全球化环境的特殊性包括区域市场异质性和多元化市场不确定性。

一、数字平台企业的特殊性

数字平台企业的特殊性是指数字平台企业因受数字技术自身的特殊性及其数字业务的特殊性影响而不同于传统企业，这些特殊性驱动企业更倾向于选择低股权跨国并购。数字平台企业既需要通过"耦合"与被并企业及其合作伙伴建立连接关系，获得使用对方互补性资源的许可，又需要保持彼此间的分离，来避免对海外企业经营决策的过度干扰，减少不确定的数字环境带来的风险。从松散耦合视角看,数字平台企业的特殊性使得企业对于"独立性"与"依赖性"的响应需求发生了变化,进而影响了跨国并购的股权选择,即通过参股投资和战略合作方式与其他企业建立耦合联系以响应依赖性,对海外市场资源进行快速整合,同时避免高股权并购造成的正式层级关系破坏被并企业的经营决策,以此更好应对不确定的数字全球化环境。进一步分析表明,数字平台企业的特殊性是由数字技术和数字业务的特殊性决定的。

(1)数字技术特殊性。数字技术具有开放性、可生成性和可供性等特征(Nambisan和Luo,2021),开放性包括跨行业性和天然跨国性,可生成性包括快速迭代性和技术分散性,可供性包括全球适用性和快速整合性,这些特征可以解释为什么数字企业跨国并购的股权战略选择不同于传统制造业企业。

数字技术的开放性特征允许更多数量和类型的参与者共同创造价值,贡献异质性资源(Nambisan 和 Wright 等,2019[①];Kallinikos 等,2013[②])。数字平台生态系统的开放性意味着外部多元实体可以获得或补充彼此的产品,以及参与联合决策和共享治理。开放性一方面为更多参与者提供了机遇,另一方面

---

① Nambisan,Satish,Mike Wright,Maryann Feldman. ,"The Digital Transformation of Innovation and Entrepreneurship:Progress,Challenges and Key Themes",*Research Policy*,Vol.48,No.8,2019,p.103773.

② Kallinikos,Jannis,Aleksi Aaltonen,Attila Marton,"The Ambivalent Ontology of Digital Artifacts",*MIS Quarterly*,2013,Vol.37,No.2,pp.357-370.

也要求数字企业在海外市场"广撒网",快速构建多元生态系统。此时,通过高股权跨国并购成本较高,难以对众多目标对象进行并购,而低股权跨国并购允许数字企业与更多利益相关者建立广泛的合作关系。

随着用户需求越来越细分,各数字企业将更专注于某个特定细分业务领域,其专业化程度、运作程度和技术迭代速度也将越来越高。作为数字平台企业,腾讯并不是对生态系统内的所有细分领域都擅长,故需要通过低股权并购来与各个细分行业建立链接,快速布局未来的风口。同时,数字技术和数字平台的可生成性使得技术变得更加分散,新技术的创造可以触达到更小的团队和个人。一些优质游戏的开发最初只是由小团队制作的小项目,甚至仅仅是由个人制作的。因此,对独立开发者独立性的尊重也是腾讯选择松散耦合的方式与之建立关系的重要原因。

(2)数字业务的特殊性。数字业务的特殊性也导致腾讯更倾向于选择低股权跨国并购。游戏与其他产品相比,天生具有全球性属性,受审美偏好、语言障碍、文化差异的影响较小。腾讯在 PC 游戏和手游领域拥有多样化的游戏矩阵,已在该领域稳固了市场地位,这使腾讯开始思考新的方向,如何将自主开发的国产游戏出口至海外,如何与海外合作伙伴携手,借助他们的本土资源和当地市场感应能力将移动游戏推向全球市场。低股权并购有助于腾讯快速与海外众多合作伙伴建立合作关系,快速向海外市场输出游戏产品,但同时保持较低的并购成本。

与传统跨国公司相比,跨国数字平台的经营活动不需要在海外设立子公司或分支机构,在管理上呈现松散耦合化。因此,数字平台主要通过治理规则的制定和实施来协调管理多国参与者的活动,而不是通过高股权控股方式来控制多国参与者。腾讯拥有资本和流量两方面的核心优势,低股权并购使其可以快速扩张海外生态系统。相反,高股权跨国并购不仅造成经济效率降低,还可能面临当地政府管制的额外风险。通过低股权并购可以更大程度保持海外企业的经营决策独立性,通过文化上的耦合来促进参与者对治理规则的认可。

二、数字价值创造的多样性

数字价值创造的多样性也是导致腾讯选择低股权跨国并购的重要因素。数字价值创造的多样性是指海外数字市场存在市场机会多样性、创造主体多样性、行业领域多样性,需要腾讯通过低股权并购方式创造多元价值。数字价值创造的多样性意味着腾讯很难通过高股权并购与大量海外企业构建联系,因为这需要巨量资金,且并购整合风险高。数字平台的开放性也会增加平台对合作伙伴的依赖性,从而给平台带来由合作伙伴引发的风险。例如,合作伙伴在一个外国市场的行动所产生的创新风险、声誉风险、运营风险和法律风险可能会在数字平台企业的整个全球生态系统中产生连锁反应,这也意味着数字平台企业与海外合作伙伴的关系需要更多的独立性,即耦合关系中的松散。低股权跨国并购有利于形成平台生态内共享的价值观,通过文化维度的耦合来弥补股权控制维度上的松散,从而降低风险。通过低股权并购,腾讯还可以快速和各行业头部企业、高潜力的初创企业以及独立工作室建立联系,更全面和高效率地布局未来。

第一,市场机会多样性。市场机会多样性是指海外数字市场存在不可预见的机会,任何一个地方都有产生价值创造的可能性。低股权跨国并购为腾讯通过较低成本获得多样化市场机会提供了机遇。通过与更多具有不同能力的外国合作伙伴合作,腾讯能够与众多海外被并企业共享数字资产、生态系统合作伙伴、用户群体等资源。

第二,价值创造主体多样性。在游戏领域上,腾讯通过低股权并购布局游戏产业链中的底层技术、发行、渠道等环节,利用研发能力在全球布局渠道,将爆款手游输送至海外。腾讯选择低股权并购的目标企业多为行业独角兽或者头部企业,看中的是它们所能带来的战略协同等长期价值。一方面,腾讯在这些公司的帮助下,能够进入原本陌生的细分领域,从而减少试错成本,得到未来快速发展机会。另一方面,通过低股权并购,腾讯可以利用资金和流量等优势赋能目标企业,无需进行专业、精细化经营,亦无需参与目标企业的运作,避免为了控制权竞争。目标企业亦可维持自主发展,不必迎合腾讯的发展战略而丧失原有成长模式与核心竞争力。

第三，行业领域多样性。在横向上，腾讯从早期的客户端游戏向手游、主机和云游戏领域布局；在纵向上，涉足游戏产业链上下游的多个环节，包括研发商、发行商、渠道商以及玩家社区论坛等，并逐步扩展至底层技术支持领域。通过低股权跨国并购，腾讯逐渐形成了游戏领域的全产业链布局。除游戏领域外，腾讯还积极拓展其他领域，围绕自身核心业务构建多元化生态系统。低股权并购一方面允许腾讯广泛链接海外合作伙伴的资源，另一方面降低了并购成本和风险。

三、数字全球化环境的特殊性

数字全球化环境呈现区域市场异质性和多元化市场不确定性等特征。由于不同国家和地区的用户习惯差异、数字基础设施差异和市场增长空间差异，数字平台企业会面临高度不确定的政府管制和监管。低股权跨国并购能够降低东道国政府管制，并借助多元并购分散风险。

首先，区域市场异质性要求腾讯较少对当地被并企业进行严格控制，因为区域市场异质性意味着不同地区的用户对同一数字产品的使用偏好存在差异，由此可能导致同一产品在不同地区的盈利能力存在差异。同时，区域市场异质性表明腾讯想要靠企业自身紧密感知各个海外区域市场的需求与机会，会耗费极大精力与财力，且难度较高，而通过低股权并购可满足获取合作伙伴对当地市场感知的依赖性需求,又可以满足灵活转变海外战略、规避风险的独立性需求。其次,东道国政府管制的不确定性也是推动腾讯采取低股权跨国并购的重要因素,因为低股权并购受到当地政府监管的可能性较低。不确定性表明腾讯若选择高股权并购将面临更多风险和阻力,而通过低股权并购可满足转变海外地区战略和规避风险的灵活性和独立性。

第四节　低股权跨国并购的价值创造

低股权并购对腾讯和海外目标企业都创造了价值。一方面,通过低股权跨国并购,腾讯既可以与海外合作伙伴建立联系,获得对方互补性资源的使用权,对海外市场资源进行快速整合,同时又能避免高股权并购对目标企业经营决策独特性的破坏,降低来自外部环境和政府监管带来的不确定性。另一方面,目标企业可借助这种松散耦合联系获得腾讯平台生态系统的资本、流量、技术等资源,同时不必担心丧失企业决策权和控制权,保持自身竞争优势和发展战略。

一、获取互补性资源的可用权

腾讯进行跨国并购的目标是构建和完善海外生态系统,其并购目标对象主要为互补性资源的拥有者,而非自身核心业务领域的竞争对手。因此,腾讯在并购中不谋求对目标企业进行严格控制和资源吸收,而是利用目标企业的互补性资源完善海外生态系统。换言之,腾讯的低股权并购仅仅是为了获得目标企业互补性资源的"可用权",而非"所有权"。

具体而言,低股权跨国并购有助于腾讯获得两类资源的可用权:独立性资源和依赖性资源。独立性资源包括领先的数字技术资源、当地管理人才资源、独立开发者资源。其中,数字技术资源若依靠腾讯自身研发则会面临研发周期长、研发成本高等风险,而通过低股权并购可以快速获取目标企业先进技术的可用权,目标企业也不必转让其领先技术而失去竞争优势。当地管理人才资源是指保留或聘请当地高管管理企业,使企业保持一定的独立性,减少腾讯的管理成本和风险。独立开发者研发资源是指腾讯可以通过低股权并购与独立厂商维持伙伴关系,共享研发能力,丰富业务布局,同时合作伙伴仍可保持独立性和稳定性,保持研发的决策权。

众所周知,互联网行业技术更新迭代速度快,现有产品和技术在激烈竞争中极易被取代,而自主研发又会面临巨大不确定风险。为了确保自身安全,腾讯尽可能多地发现潜在颠覆性机会,并尽早与之建立联系。腾讯采用低股权并购方式来实现这一目标。对于并购双方而言,低股权并购相对平等,保留了目标公司的管理层和主导地位,同时并购所需要的资金较少,可进入很多细分领域,完善生态系统布局。

依赖性资源包括游戏代理权、国际市场资源、本土渠道资源、数字内容版权资源、海外服务经验等。其中，游戏代理权常常需要股东地位才能获得，具有一定的依赖性。国际市场资源、本土渠道资源和海外服务经验可通过低股权并购与目标企业建立战略合作，从而借助当地企业打破市场进入壁垒来获得。数字内容版权资源作为数字资产可通过低股权并购与原创优质内容企业建立连接来获取。为了继续稳固在全球游戏领域的领先地位，腾讯一直在寻找全球最优秀的游戏企业。通过低股权并购这些游戏开发公司，腾讯得以获得多款优秀产品，并将产品引进中国市场，从而拓展自身业务。此外，通过低股权并购海外初创行业中的独角兽企业，腾讯可以与这些企业展开深度战略合作，打破领域进入壁垒，降低自身试错成本，并获取更好的海外发展机会。低股权并购已成为腾讯最重要的国际化战略和能力，对海外生态构建和资源整合都非常重要。

二、生态系统赋能

从被并企业视角看，低股权并购有助于被并企业获得腾讯的资金、流量、技术等方面的资源和赋能，包括独立性赋能和依赖性赋能两个方面。独立性赋能包括流量赋能、资本赋能和非互斥的平台赋能，目标企业可以得到腾讯庞大的用户流量，也会得到资金上的扶持从而减轻研发资金负担，还能获得腾讯开放平台生态系统里上下游合作伙伴的赋能。

在跨国并购中,腾讯往往将股权收购比例严格控制在30%以内,并不寻求对目标企业实现控股。这种极具分寸感的投资方式释放出了温和与合作的强烈信号,让众多企业对腾讯的投资持开放和欢迎态度。如今,获得腾讯的投资在某种程度上已成为企业实力与发展潜力获得认可的标志。例如,对冲基金Octahedron Capital 的合伙人拉姆·帕拉梅斯瓦兰(Ram Parameswaran)是腾讯支持的印度初创公司 Udaan 的董事会成员,他表示由于腾讯提供了非常具体的建议和大量资源,但并未试图控制创始人的决策,因此初创企业从腾讯中获益匪浅。腾讯利用其资本与流量的核心能力,通过赋能初创企业和独角兽企业,让更熟悉其细分领域的专业团队去运营项目,实现"珠联璧合"的共赢局面。在企业壮大以后,被腾讯投资的企业并不会失去主导权,反而能够成为腾讯的忠实盟友,并通过低股权方式与腾讯形成深度绑定。

依赖性赋能包括领域经验赋能、中国市场资源赋能、品牌分发赋能、科技赋能等。目标企业可以借助并购关系获得腾讯在中国相关领域的经营经验,借助腾讯在国内的品牌分发渠道快速进入中国市场,并得到腾讯的技术支持。对于游戏行业的目标公司来说,接受低股权并购是一种有效的风险分散策略,且相较于高股权并购而言更加平等。在低股权并购中,目标公司可以保持控股权,继续拥有现有管理层及其主导地位,并保留经营决策的自主性。低股权并购还能够帮助一些细分领域的领先企业与腾讯达成合作协议,借助腾讯的资源优势来完善自身业务,并参与到腾讯的生态系统中。例如,蓝洞公司接受了腾讯的参股投资后,利用腾讯的运营渠道和庞大用户群来快速开拓中国市场。

　　本章的研究内容在理论上补充了当前跨国并购对低股权并购关注不足的局限性,同时也揭示了数字企业跨国并购的独特性。当前研究主要从制度理论或交易成本理论视角研究企业跨国并购股权结构选择,较少考虑数字并购的独特性。本章从松散耦合理论视角对低股权跨国并购现象进行解释,为相关研究提供新的理论视角。此外,本章也对数字企业如何借助低股权跨国并购在海外市场构建生态系统具有启示意义。

第十章　人工智能与数字企业
国际化

　　人工智能是新一轮科技革命和产业变革的重要驱动力量，正在深刻改变企业国际化的战略、运营模式和竞争优势。当前人工智能已广泛渗透到数字企业国际化的各领域，显著提升企业国际化的运营效率和市场竞争力。例如，数字企业可以利用人工智能强大的学习能力和数据分析能力精准识别东道国用户需求偏好，快速调整产品定位和营销策略。人工智能的自主性甚至可以在未来替代人类，帮助企业自主进行国际化战略决策和运营。本章简要探讨人工智能给数字企业国际化带来的机遇和挑战，为未来研究提供启示。

第一节　人工智能给数字企业国际化
带来的机遇

人工智能是一门研究和开发用于模拟、延伸和扩展人类智能的理论、方法、技术及应用系统的技术科学，旨在使计算机系统能够执行通常需要人类智能才能完成的任务。人工智能强大的学习能力、感知能力、推理决策能力、交互能力和适应性能力为数字企业国际化带来了广泛新机遇。

一、学习能力与数据驱动的海外市场洞察与优化

人工智能强大的数据处理能力有助于数字企业广泛收集和深度分析东道国市场和用户数据，为数字企业国际化提供基于数据驱动的海外市场洞察（Santos 和 Williamson，2024）[①]。通过对东道国海量数据进行挖掘（如用户购买记录、浏览历史、搜索关键词等），数字企业能够精准识别东道国用户的需求偏好、消费习惯与趋势演变。例如，跨境电商平台借助人工智能分析不同国家消费者对产品品类、品牌、价格区间的偏好差异，为平台

---

① Santos, José F. P., Peter J. Williamson., "Beyond Connectivity: Artificial Intelligence and the Internationalisation of Digital Firms", *Information and Organization*, Vol.34, No.4, 2024, p.100538.

商家的产品研发与定价策略提供精准指导,助力企业快速适应海外市场需求,快速推出符合当地消费者偏好的产品与服务。借助机器学习算法,数字企业能够实时分析全球市场竞争环境和政策变化,帮助企业识别最具潜力的国际市场机会。

二、感知能力与海外市场实时监控与风险预警

人工智能的感知能力有助于数字企业实时监控全球市场的动态变化,及时识别和预警潜在风险,降低企业国际化风险。例如,在全球供应链风险识别和管理方面,人工智能的感知能力尤为重要;通过实时监控全球供应链各个环节,人工智能能够识别潜在的供应链中断风险,并提供应对建议。在金融领域,人工智能的感知能力也发挥着重要作用;通过实时监控全球金融市场的交易数据,人工智能系统能够识别异常交易模式和潜在风险。在合规风险监控方面,面对全球 2300 多项数字贸易法规,人工智能构建的合规感知网络为数字企业实时追踪不同国家的数字监管动态,自动生成合规策略矩阵,提升合规效率。在数据跨境流动领域,人工智能驱动的隐私计算框架实现对东道国数字监管法规的智能适配,大幅度降低数据合规成本。

三、推理决策能力与海外智能决策与资源优配

人工智能的推理与决策能力有助于数字企业处理复杂的国

际业务问题,并为企业提供智能化的战略决策和资源配置建议。通过深度学习和推理算法,人工智能系统能够帮助数字企业实时分析全球市场的复杂数据,提供精准的决策支持。在国际市场进入策略方面,人工智能的推理决策能力尤为重要。通过分析全球市场的消费趋势、竞争环境和政策变化,人工智能系统能够为企业提供最优的市场进入策略。阿里巴巴的人工智能市场分析系统能够预测全球 200 多个国家的消费趋势,帮助商家制定精准的国际化战略,这种智能化的市场进入策略显著提高了企业国际化的成功率。在资源配置方面,人工智能的推理与决策能力也发挥着重要作用。通过分析全球市场的资源分布和需求变化,人工智能系统能够优化企业的资源配置,提高资源利用效率。此外,人工智能能够综合评估全球市场行情、政策变化、汇率波动、竞争态势等多种因素,为企业国际化提供科学的决策支持。

四、交互能力与跨文化沟通和海外客户关系管理

人工智能的交互能力使其能够突破语言和文化障碍,提升企业的跨文化沟通和客户关系管理能力。通过自然语言处理和语音识别技术,人工智能能够实现多语言的实时翻译和语音交互,提高企业与海外用户、合作伙伴的沟通效率和客户满意度。在跨文化沟通方面,人工智能的交互能力尤为重要。数字企业可以借助人工智能对东道国当地的文化进行学习,为企业制定

本土化的沟通策略,避免文化冲突。在客户关系管理方面,人工智能的交互能力也发挥着重要作用。通过分析客户的行为数据和反馈信息,人工智能能够提供个性化的客户服务,提高客户满意度和忠诚度。数字企业能够通过人工智能驱动的客户分析系统,分析全球客户的购买行为和反馈信息,提供个性化的产品推荐和客户服务,提高客户满意度和忠诚度。这种个性化的客户关系管理显著提高了企业的市场竞争力和客户黏性。

五、适应性能力与企业创新驱动

人工智能的适应性能力使其能够动态调整企业国际化战略,推动企业创新驱动发展。通过深度学习和自适应算法,人工智能能够根据全球市场变化动态调整企业的国际化战略和运营模式。例如,特斯拉利用人工智能算法实时监控全球市场的需求变化,动态调整生产计划和销售策略,提高市场响应能力和竞争力。在创新驱动方面,人工智能的适应性与灵活性也发挥着重要作用。通过分析全球市场的创新趋势和技术发展,人工智能能够推动企业技术创新和产品开发。谷歌通过人工智能算法分析全球市场的创新趋势,推动新技术研发和应用,提高了企业的创新能力和市场竞争力。

六、具身智能与数字企业国际化

具身智能(Embodied AI)作为人工智能与物理实体结合的

前沿技术,将成为人工智能领域继"大模型"之后的另一个浪潮。具身智能是指一种强调智能体通过物理身体与环境互动来发展智能的理论框架,其核心观点是智能并非仅存在于抽象的计算中,而是源于身体与环境的动态交互。随着具身智能技术的快速发展,具身智能将在未来深刻改变数字企业的国际化进程。例如,具身智能可以显著降低企业对东道国人力资源的依赖性,如跨境电商企业可通过仓库机器人(如亚马逊的 Kiva)在海外仓实现高效分拣,并结合末端无人机配送直接将商品交付到消费者手中,从而不需要在当地雇佣配送人员,降低人力成本,也能够突破当地物流基础设施薄弱的瓶颈。此外,具身智能将推动数字企业从"虚拟服务全球"升级为"物理—智能体全球扎根",其国际化不再是简单向海外提供虚拟的数字化产品和服务,还可以通过智能体与当地环境共生进化,为用户提供更加多元化的物理性产品和服务,显著扩大数字企业的业务范围。

第二节 人工智能给数字企业国际化
带来的挑战

任何技术都具有"双刃剑"属性。人工智能在给数字企业国际化带来革命性机遇的同时,也蕴含潜在风险和挑战。

一、数据隐私与合规挑战

人工智能技术的核心在于数据驱动,需要对东道国数据进行广泛采集、存储、传输和分析,但这些行为可能存在数据泄露和隐私侵犯风险,导致数字企业面临合规挑战。例如,深度学习算法在对东道国大量用户数据进行训练时,可能会触及数据背后隐藏的敏感特征,如用户的健康状况、财务状况、职业等。如果这些算法的安全性和隐私保护机制不完善,一旦被恶意利用或遭遇网络攻击,会导致大量用户隐私数据泄露。同时,算法的不可解释问题也给数据隐私保护带来挑战。许多人工智能算法的决策过程是"黑箱",难以清晰解释如何得出特定结果。因此,数字企业在利用人工智能开展国际化时需要特别加强数据安全治理,确保东道国用户的数据隐私和安全。

人工智能使用带来的数据安全和隐私侵犯风险也显著提高了企业国际化的合规成本。例如,欧盟针对人工智能安全建立了全球最严密的"数据—算法"监管矩阵,要求企业披露用于训练人工智能模型的个人数据来源,要求云计算服务商必须通过网络安全认证。如果企业在数据安全治理方面存在漏洞导致数据泄露,将面临巨额罚款。面对数据安全监管,企业在数据安全合规治理方面需要投入较高成本。例如,微软于 2021 年推出"欧盟数据边界"计划,在本地数据中心隔离欧盟用户数据,但此举导致其云服务成本增加 23%。美国也针对人工智能数据安全制定了严格的法律法规,如《算法问责法案》要求年收入5000万美元以上企业提交人工智能系统偏见影响报告。

二、算法偏见与跨文化伦理冲突

人工智能模型的泛化能力受限于训练数据的文化语境,导致企业在跨国应用中会出现伦理风险。弗洛里迪(Floridi,2019)[①]提出的"信息伦理学"框架指出,算法的伦理正当性需符合本地社会的"道德信息圈"。然而,主流自然语言处理模型80%的训练数据来自英语世界,导致非西方语境下的语义偏差。谷歌翻译在中东地区曾因未识别宗教禁忌词汇引发外交抗议。跨文化认知差异进一步加剧跨文化伦理冲突。根据霍夫斯泰德(Hofstede,2011)[②]的文化维度,个人主义指数高的国家(如美国)更关注算法公平性,而集体主义社会(如日本)更重视群体和谐。对此,麻省理工学院媒体实验室提出"文化嵌入人工智能"(Culturally Embedded AI)概念,要求模型开发包含本土伦理学家的参与,但实践层面鲜有数字企业设有跨国伦理委员会。欧盟的《人工智能法案》将算法偏见纳入"高风险系统"监管,要求企业提交社会影响评估,这也给数字企业国际化带来监管风险。

---

① Floridi, Luciano, "Translating Principles into Practices of Digital Ethics: Five Risks of being Unethical", *Philosophy & Technology*, Vol.32, No.2, 2019, pp.185−193.

② Hofstede, Geert, "Dimensionalizing Cultures: The Hofstede Model in Context", *Online Readings in Psychology and Culture*, Vol.2, No.1, 2011, p.8.

三、可持续竞争优势的构建障碍

虽然人工智能能够显著降低数字企业国际化的成本,提高运营效率,但这些机遇并不一定能给企业带来可持续的竞争优势。坎普(Kemp,2024)①认为人工智能在为企业创造可持续竞争优势时面临三个战略挑战:通用性(generic)、显性(explicit)和短视(myopic)。

"通用性"是指人工智能得出的结论是一般性的,所有企业都可以利用人工智能得到相同的结果,因此对一家公司而言,竞争对手也可以用人工智能做相同的事情,这会导致企业并不能借助人工智能获得相对于竞争对手的竞争优势。人工智能的通用性导致企业在国际市场上的竞争趋于同质化。数字企业在国际化过程中,难以通过人工智能技术形成独特的竞争优势,因为竞争对手同样可以轻松获取和应用相同的技术。人工智能的通用性使得企业在技术层面难以实现真正的差异化。例如,一家数字企业开发出一套高效的人工智能驱动的客户服务系统,但由于该系统的通用性,竞争对手可以迅速复制并推出类似服务。这种技术上的同质化限制了企业在国际市场上通过人工智能实现差异化的能力。此外,通用性还使得企业在国际化过程中面

---

① Ayenda Kemp, "Competitive Advantage Through Artificial Intelligence: Toward a Theory of Situated AI", *Academy of Management Review*, Vol.2, No.1, 2024, pp.618-635.

临更多知识产权和法律风险,因为相同的技术可能在不同国家受到不同的法律保护和限制。

"显性"是指人工智能创造的知识是显性的,很容易传播到竞争对手,导致企业即使利用人工智能也不一定获得竞争优势。人工智能算法和数据的显性特征使得企业的核心技术容易被复制和传播。在国际化过程中,数字企业需要将人工智能技术和数据部署到不同的国家和地区,但这样增加了知识泄露风险。目前,知识产权法对人工智能算法的保护力度有限,尤其是在国际市场上,人工智能算法的显性特征使得企业难以通过专利等手段保护其核心技术。此外,不同国家对人工智能技术的知识产权保护政策存在差异,进一步增加了企业在国际化过程中保护核心技术的难度。显性特征还使数字企业在技术转移过程中面临更多法律和合规风险,因为不同国家对人工智能技术的使用和传播有不同的规定和限制。

"短视"是指人工智能仅能够理解上下文和特定情境的内容,不能像人类那样有长远规划。人工智能的短视意味着人工智能算法通常只能执行特定任务,而缺乏对整体战略的长远理解和把握。在国际化过程中,数字企业需要制定和执行复杂的市场策略,而人工智能的短视可能导致其行为与企业整体战略脱节。例如,一家数字企业可能开发出一套人工智能驱动的定价系统,但由于人工智能的短视性,该系统可能无法理解企业的市场定位和战略目标,从而作出不符合企业利益的决策。人工智能的短视性还增加了数字企业在国际化过程中的运营风险。由于人工智能算法通常只能执行特定的子任务,企业在国际化过程中需要整合多个人工智能系统来实现复杂的业务流程。然而,人工智能算法之间的相互依赖性和协调性差,可能导致技术故障和运营中断。

第十一章　全球治理与数字企业
国际化

当今世界正在经历百年未有之大变局,逆全球化思潮涌动,国际格局深刻调整,全球治理体系深刻变革。未来的全球化是在效率与安全、开放与自主、竞争与合作之间动态平衡的复杂系统。面对全球治理蕴含的挑战和机遇,数字企业国际化该何去何从,值得理论界深入探讨。

第一节　逆全球化与数字企业国际化

逆全球化是指在全球化过程中出现的一系列反向趋势,主要表现为部分国家通过多种手段限制商品、资本、人员等要素的跨国流动,强调本国利益优先,对国际合作和多边主义持消极态度。自 2008 年国际金融危机以来,逆全球化现象逐渐明显,贸易保护主义抬头,民族主义情绪上升,地缘政治冲突加剧。以美国为例,特朗普政府在任期内(2017—2021 年)推行"美国优先"政策,通过加征关税、限制移民以及退出国际协定等手段推行保护主义政策,这些政策不仅影响全球经济秩序,也激发了欧盟、中国等主要经济体对多边贸易体系的反思和调整。逆全球化现象反映了全球化进程中积累的深层次矛盾与挑战,是对全球化过程中收入分配不平等、社会矛盾激化的回应。

逆全球化给数字企业国际化带来了严峻挑战,突出表现为企业国际化面临更大的政治阻力。例如,在逆全球化背景下,一些国家出于经济利益或政治考量,对外国企业在本国市场的技术获取实施封锁,这种技术封锁在数字高科技领域尤为显著,如人工智能、半导体等战略性技术领域。与此同时,逆全球化提高了数字企业进入海外市场的门槛,许多国家通过法律和行政干预手段对外国企业进入本国市场设置高门槛。

面对逆全球化带来的挑战,数字企业可能更倾向于进入双边政治关系较好的东道国。事实上,逆全球化已经推动了"友岸外包"(即企业将供应链、产业链转移到政治立场相近或战略关系友好的国家)和"制造业回流"(即企业将原本在海外生产的环节或整个产业链重新迁回本国)的广泛兴起。为应对逆全球化挑战,数字企业可以在东道国采取"技术"和"数据"分离策略。例如,一些以数据驱动的数字企业将数据采集和存储权委

托给东道国当地企业,自身专注于提供技术服务,通过这种方式
缓解东道国对数据安全的担忧。此外,逆全球化带来的技术封
锁虽然削弱了企业的技术获取能力,但也迫使其加速自主研发,
以减少对外部技术的依赖。

逆全球化并非全球化的终结,而是全球化的调整。全球化
的未来走向充满了不确定性,但经济全球化的基本逻辑并未改
变,国际分工与合作仍是提高生产效率、增强社会福利的重要途
径。面对逆全球化,国家和企业都需要在"经济逻辑"和"安全
逻辑"之间寻求平衡,既要维护安全,又要推动国际合作与资源
共享,建立更加包容、可持续的全球化模式,实现人类共同繁荣。

第二节　绿色全球化与数字企业国际化

随着环境问题日益严重,气候变化、资源枯竭和环境污染对
全球自然生态系统和人类发展构成严峻挑战,促使各国政府和
企业关注绿色可持续发展。在这一背景下,全球化不再单纯追
求经济增长,同时更加注重环境保护,推动绿色发展已成为国际
共识。以"碳中和"为核心的绿色目标正成为国际社会和企业
发展战略的重要组成部分。

绿色全球化的兴起也对数字企业国际化提出了新挑战。虽
然数字企业具有轻资产特征,但其对环境的污染仍不容小觑。

根据联合国《2024 年数字经济报告》，数字化对全球环境的不利影响正在加剧，数字设备、数据中心以及信息与通信技术的生产和使用约占全球每年电力消耗的 6% 至 12%。数字企业国际化不仅需要关注海外市场机会拓展，还须应对日益严格的环保要求。许多国家已实施碳排放、能源消耗和资源利用等方面的监管措施，这对大量依赖高性能计算、大数据存储和云计算服务的数字企业提出了巨大挑战。为符合绿色发展要求，数字企业不仅需要在技术创新上加大投入，还需调整其运营模式，甚至在产品设计和服务交付上作出相应的绿色转型。

绿色全球化也给数字企业国际化带来了新机遇。随着消费者环保意识提升，绿色消费逐渐成为国际市场的主导趋势。政府政策导向、公众认知转型及消费选择偏好正共同推动市场对环保产品与服务需求的提升。在此背景下，数字企业可通过响应绿色全球化趋势，开拓新兴绿色市场领域，依托技术优势开发绿色产品及数字化解决方案来应对持续增长的市场需求，如低碳计算平台、能源优化系统和智能物流管理系统。通过技术创新，数字企业既可获得消费者认可，亦能在国际市场竞争中形成差异化优势。此外，绿色消费的蓬勃发展推动数字企业重构产品全生命周期管理体系，构建符合国际环保标准的产品体系，从而提升全球市场信任度与品牌忠诚度。

此外，随着各国政府对绿色企业的支持力度加大，绿色政策与财政补贴成为数字企业走向全球市场的重要推动力。很多国家和地区对绿色企业实施税收优惠、补贴等政策,鼓励企业进行绿色技术创新。这些政策为数字企业提供了资金支持和市场准入机会,尤其是在新兴市场和发展中国家,数字企业通过绿色项目投资和技术合作,可以获得政府的优先支持。

第三节　全球治理体系变革与数字企业国际化

当前,全球治理体系正经历深刻变革。传统治理机制如世界贸易组织(WTO)、国际货币基金组织(IMF)等面临机制滞后、权力分配不均及全球性挑战加剧等问题,难以有效应对数字化、逆全球化、气候变化等新兴议题。全球治理体系变革呈现以下方向:一是多边主义,推动治理机制改革,提升发展中国家话语权;二是治理议题多元化,将数字治理、气候变化等纳入核心议程;三是鼓励非国家行为主体参与,发挥跨国公司、国际组织等作用。

同时,当前全球数字治理规则呈现出显著的碎片化特征,体现在各国对数字技术、数据主权和治理模式的理念分歧上。各国在数据跨境流动、隐私保护、数字税收等领域的政策差异给数字企业国际化带来了复杂的合规挑战。以欧盟《通用数据保护条例》为例,其对数据隐私的严格规定与部分国家相对宽松的监管框架形成鲜明对比,迫使数字企业在不同国家采取差异化的合规策略。同时,全球数字治理标准的碎片化也增加了数字企业国际化的交易成本与合规成本,制约企业的全球数据网络效应。为应对这些挑战,数字企业不仅要加强合规能力建设,还应积极参与国际规则制定,以争取更多话语权。

此外,随着全球治理变革的深入,国际合作机制在数字企业国际化中的作用日益凸显。跨国合作平台和多边对话机制为数字企业提供了分享最佳实践、共同应对全球性挑战的渠道。通过参与这些国际合作,数字企业能够增强对全球治理体系变革的理解与适应能力,促进技术创新与模式创新在国际的传播与应用。

同时,面对全球数字治理规则的碎片化,数字企业需构建灵活的合规管理体系,以适应不同国家和地区的监管要求。这包括建立跨区域的合规团队,加强合规培训,以及利用技术手段提升合规效率。通过持续优化合规流程,数字企业能够在保障合规的同时,降低交易成本,提升全球竞争力。

综上所述,全球治理体系变革为数字企业国际化带来了新的机遇与挑战。数字企业需紧跟全球治理体系变革的步伐,积极参与国际合作与规则制定,以灵活合规为基石,推动自身在全球范围内的稳健发展。

第十二章 中国数字企业国际化：
情境与展望

近年来，中国数字企业国际化快速发展，并成为全球数字市场的重要参与者。中国政府高度重视数字企业国际化发展，鼓励企业加快海外布局，融入全球数字经济产业链，打造具有全球竞争力的数字跨国企业。但当前针对中国数字企业的理论探索明显滞后于企业实践，无法为中国数字企业国际化提供理论指导。本章对中国数字企业国际化进行情境化探讨，并结合当前研究存在的不足，对未来研究提出展望（见表 12-1）。

表 12-1　中国情境研究展望

未来研究方向	研究内容	潜在研究问题
方向 1：探究中国独特的数字市场与制度环境对中国数字企业国际化的驱动机制	（1）探讨国内市场优势对中国数字企业国际化的驱动机制	·中国数字企业如何借助母国市场优势开发新技术和新产品，并进入海外市场？不同企业在利用国内市场优势上是否存在差异性？ ·利用国内市场优势和创新资源开发的数字产品和服务能否以及如何顺利转移到海外市场？
	（2）探究母国制度优势对中国数字企业国际化的驱动机制	·中国数字企业如何利用母国制度优势拓展海外市场？ ·母国政策如何影响中国数字企业国际化的区位选择和扩张战略？ ·如何避免国内制度优势在海外成为制度风险？
方向 2：探究中国数字企业国际化的战略决策、市场扩张战略及其动态微观过程	（3）探讨中国数字企业国际化的市场进入模式及其动态变化	·哪些因素决定中国数字企业国际化的市场进入模式？ ·在不同模式下，中国数字企业采取的国际化战略有哪些差异？ ·随着时间的推移，国际市场进入模式如何动态演化？
	（4）探究中国数字企业整合国内国际两种资源、实现国内外市场联动的机制和过程	·国内市场和国际市场在中国数字企业全球化发展中扮演哪些差异化角色？ ·中国数字企业如何创造性地整合国内国际两种差异化资源，实现能力的迭代升级？ ·随着时间的推移，中国数字企业整合国内国际两种资源的战略和机制有哪些变化？
	（5）探讨中国数字企业海外生态系统的构建机制，以及如何克服生态系统构建过程中的多重劣势	·中国数字企业在海外构建生态系统面临哪些挑战？ ·企业如何吸引海外用户、互补者和其他合作伙伴加入生态系统？ ·如何与海外生态合作伙伴进行持续互动、协调、资源编排和关系维持？ ·随着时间的推移，企业构建生态系统的动态演化过程是什么？
	（6）揭示中国数字企业国际化扩张的动态过程及其机制	·随着时间的推移，中国数字企业国际化的动态过程是什么？ ·不同类型和时间阶段的数字企业，其国际化过程和扩张战略有哪些不同？

续表

未来研究方向	研究内容	潜在研究问题
方向 3:分类评估中国数字企业国际化的绩效	(7)根据企业国际化动机,分类评估其国际化绩效	·如何有效评估中国数字企业国际化的绩效? ·如何根据国际化动机和企业类型分类开发绩效评价指标?
	(8)根据企业业务类型,分类开发国际化绩效评估指标	·如何对数字企业的业务类型进行分类? ·如何针对企业类型开发针对性的绩效评价指标?
方向 4:探究全球数字监管复杂性、监管歧视和数字距离对中国数字企业国际化带来的挑战及其应对战略	(9)探究全球数字监管复杂性和监管歧视对中国数字企业国际化的影响机制及其应对战略	·全球数字监管复杂性的表现和维度有哪些? ·不同国家数字监管差异如何影响中国数字企业国际化? ·中国数字企业如何应对数字监管复杂性和监管歧视带来的合法性挑战,如何开展数字合规治理?
	(10)探讨数字距离对中国数字企业国际化的影响及其应对战略	·如何准确定义和划分数字距离的内涵和维度? ·数字距离如何影响中国数字企业国际化(如区位选择、市场进入模式)? ·中国数字企业如何开展数字本土化、目标国选择和数字创业?
方向 5:在中国情境下检验、深化和扩展已有理论,构建基于中国情境的新理论	(11)在中国情境下检验已有理论	·哪些理论对中国数字企业国际化仍然具有解释力? ·如何运用现有理论解释和指导中国数字企业国际化?
	(12)在中国情境下深化和扩展已有理论,构建基于中国情境的新理论	·中国情境的独特性如何深化和扩展基于发达国家数字企业的理论体系? ·如何基于中国情境的独特性构建中国情境的新理论?
	(13)引入基于新兴市场跨国企业的情境化理论研究中国数字企业国际化	·基于新兴市场跨国企业的情境化理论(如 LLL 框架、跳板理论)能否解释中国数字企业国际化现象? ·中国数字企业能否对已有情境化理论提供新的洞见,扩展已有理论?

第一节　中国情境的特殊性

开展中国情境研究,首先需要明确中国情境的特殊性。

第一,从国家情境看,首先,中国国内具有超大规模数字市场优势,数字基础设施完善,数字产业蓬勃发展且行业分布广泛(如电子商务、人工智能、金融科技、共享经济),有利于中国数字企业在国际化之前先在国内发展壮大、积累经验,并将国内成熟的数字产品和经验扩展到海外市场。其次,在制度环境方面,中国政府高度重视数字经济发展,先后出台一系列鼓励和支持数字产业发展的重大战略举措,如《“十四五”数字经济发展规划》《数字中国建设整体布局规划》;同时,政府高度重视数字经济领域的国际合作,出台《数字经济对外投资合作工作指引》,鼓励中国数字企业加快海外布局,这些制度有利于促进中国数字企业国际化发展。

第二,从企业情境看,与发达国家数字企业相比,中国数字企业起步较晚,国际化程度与全球影响力相对较低(Vecchi 和 Brennan,2022)[①]。但另一方面,中国数字企业国际化发展迅

---

① Vecchi, A., Brennan, L., "Two Tales of Internationalization-Chinese Internet Firms' Expansion into the European Market", *Journal of Business Research*, Vol.152, 2022, pp.106-127.

速,借助母国优势快速积累知识、技术和经验,一些领先企业已经具备较强的技术创新能力和综合竞争力。此外,中国数字企业的创新战略以技术"跟随者"和"探索学习+开发利用"为主,而发达国家数字企业则以技术"领先者"和"开发利用型"为主。

中国情境的特殊性有助于丰富和扩展已有基于发达国家数字企业的研究。例如,中国国内超大规模市场优势和制度优势是驱动中国数字企业国际化的重要因素,但已有研究主要关注数字技术和企业国际化动机两类驱动因素。在过程机制方面,中国数字企业更倾向于借助国内国际资源整合与市场联动实现国际化扩张,且在构建数字生态系统时面临更大的挑战;同时,中国数字企业在市场进入模式、区位选择等方面也具有独特性。在情境方面,中国数字企业更容易遭遇数字监管复杂性、监管歧视和数字距离带来的挑战。在理论方面,中国情境的独特性有助于深化和扩展已有基于发达国家数字企业的理论体系。

第二节　国际化驱动因素的独特性

已有研究主要关注数字技术对企业国际化的驱动机制,但很少关注数字企业的母国对企业国际化的影响。中国独特的国家情境(即母国超大规模市场优势和制度优势)是推动中国数字企业国际化的重要驱动力,有助于解释为什么中国数字企业

177

能够在国际化起步较晚、缺乏资源和能力的条件下快速实现国际化。未来研究可以从以下方面展开研究：

第一，探讨国内市场优势对中国数字企业国际化的驱动机制。国内超大规模市场优势有助于中国数字企业在国际化之前，首先在国内市场发展壮大，快速迭代产品，提升技术创新能力（Ma 和 Hu，2021）[①]。例如，TikTok 之所以能够快速在海外市场获得成功，很重要的一个原因是字节跳动已经在国内市场推出了"抖音"，并根据国内大规模用户数据不断完善产品，使 TikTok 在推出国际市场之初就已经完善，包括其推荐算法、界面设计、功能设置、用户互动方式等，进而快速获得海外用户的认可。马和胡（Ma 和 Hu，2021）认为，随着中国国内消费者的购买力不断增强，消费者对新产品和服务的要求不断提高，有利于中国数字企业将母国市场作为商业模式创新和国际化的"试验田"。贾（Jia，2018）[②]认为，规模巨大和迅速增长的国内市场为中国数字企业国际化提供了资源和能力基础，尤其是管理大型平台、海量数据的运营经验；企业可以借助国内大规模数据资产提高云计算、机器学习和人工智能等领域的能力，并将其作为

---

① Ma，Y.，Hu，Y.，"Business Model Innovation and Experimentation in Transforming Economies：ByteDance and TikTok"，*Management and Organization Review*，Vol.17，No.2，2021，pp.382-388.

② Jia，L.，"Going Public and Going Global：Chinese Internet Companies and Global Finance Networks"，*Westminster Papers in Communication and Culture*，Vol.13，No.1，2018，pp.17-36.

进入海外市场的杠杆。事实上,很多中国数字企业在国际化之前都借助国内市场优势持续迭代产品,学习用户行为习惯,积累技术资源,为国际化扩张奠定了基础。未来研究可以探究以下问题:中国数字企业如何借助母国市场优势开发新技术和新产品,并进入海外市场? 不同企业在利用国内市场优势上是否存在差异? 利用国内市场优势和创新资源开发的数字产品和服务能否顺利转移到海外市场? 在国内的认知模式和战略能否适应海外市场?

第二,探究母国制度优势对中国数字企业国际化的驱动机制。已有研究表明,母国制度优势对中国企业国际化具有显著的促进作用(Gaur 等,2018)①,包括政策支持、资金支持、税收优惠等。近年来,中国独特的制度优势对中国数字企业国际化具有积极推动作用。中国政府高度重视数字经济发展和数字经济领域的国际投资与合作,鼓励和支持企业走出去。中国数字企业之所以能够在海外市场快速成功,一个重要原因得益于政府对企业走出去的支持,如在国家层面对高科技产业(如 IT 产业和人工智能)的政策支持(Ma 和 Hu,2021)。未来研究可以探究以下问题:中国数字企业如何利用母国制度优势拓展海外市场? 母国政策如何影响中国数字企业国际化的区位选择和扩

---

① Gaur,A.S.,Ma,X.,Ding,Z.,"Home Country Supportiveness/Unfavorableness and Outward Foreign Direct Investment from China", *Journal of International Business Studies*,Vol.49,2018,pp.324-345.

张战略？如何避免国内制度优势在海外成为制度风险？

第三节　国际化战略的独特性

与发达国家数字企业相比,中国数字企业国际化起步较晚,资源和能力较为匮乏,加之独特的母国情境和国际化情境,中国数字企业的国际化战略和过程机制可能具有自身的独特性。

第一,探讨中国数字企业国际化的市场进入模式及其动态变化。已有研究认为,数字企业更倾向于通过互联网、数字平台等虚拟渠道进入海外市场,不需要在海外建立实体存在(Brouthers 等,2022)①。然而,中国数字企业国际化起步较晚,企业在国际化初期更倾向于采用传统 FDI 模式(如跨国并购)进入海外市场,以获取海外数字资源,提升自身能力(Jia 等,2018②;蒋殿春、唐浩丹,2021③)。例如,腾讯通过跨国并购进入

---

① Brouthers, K. D., Chen, L., Li S., et al. "Charting New Courses to Enter Foreign Markets: Conceptualization, Theoretical Framework, and Research Directions on Non-traditional Entry Modes", *Journal of International Business Studies*, Vol. 53, No.12, 2022, pp.2088-2115.

② Jia, L., "Going Public and Going Global: Chinese Internet Companies and Global Finance Networks", *Westminster Papers in Communication and Culture*, Vol.13, No.1, 2018, pp.17-36.

③ 蒋殿春、唐浩丹:《数字型跨国并购:特征及驱动力》,《财贸经济》2021 年第 9 期。

欧洲市场,借助收购当地知名游戏公司获取技术、品牌和人才。近年来,随着中国数字企业国际化经验积累和技术创新能力提升,很多企业开始从传统 FDI 模式向虚拟存在、构建数字平台和生态系统模式转变。未来研究可以采用纵向的研究设计对中国数字企业市场进入模式的动态变化及其影响因素进行分析,探究以下问题:哪些因素决定中国数字企业国际化的市场进入模式? 在不同模式下,中国数字企业采取的国际化战略有哪些差异? 随着时间的推移,市场进入模式如何随着国际化战略目标和发展阶段而动态演化?

第二,探究中国数字企业整合国内国际两种资源、实现国内外市场联动的机制和过程。国内超大规模市场优势为中国数字企业发展提供了肥沃土壤,国内资源(如技术、人才、用户、互补者)为企业进入海外市场提供了基础。相比之下,国际市场为中国数字企业提供了获取差异化资源、弥补自身资源和能力不足、拓展新市场的机遇。因此,如何有效整合国内国际两种资源,实现国内外市场联动和协同,对中国数字企业的全球化发展具有战略意义。李等(2022)①认为,新兴市场跨国企业可以通过"组合跳板"对国内和国际两种差异化的资源进行创造性整合、编排和创新利用,不断升级企业资源和能力,实现双循环迭

① Li,F.,Chen,Y.,Ortiz,J.,et al.,"The Theory of Multinational Enterprises in the Digital Era:State-of-the-Art and Research Priorities",*International Journal of Emerging Markets.*,Vol.19,No.2,2022,pp.390-411.

代发展。易靖韬和何金秋（2023）①以猎豹移动为例，探究中国数字平台企业如何利用母国和东道国两种资源实现国际化：在国际化导入阶段，通过将母国资源转移到东道国市场建立初步的竞争优势；在国际化扩散阶段，将东道国与母国的资源进行协同整合，实现资源相互转移。然而，当前学术界对中国数字企业整合国内外资源、实现两个市场动态联动的过程机制缺乏理解。未来研究可以借鉴组合跳板、资源编排等理论视角探究以下问题：国内市场和国际市场在中国数字企业全球化发展中扮演哪些差异化角色？企业如何创造性地整合与编排国内国际两种差异化资源，实现能力迭代升级？随着时间的推移，中国数字企业整合国内国际两种资源的战略和机制有哪些变化？如何实现国内市场和国际市场的动态联动？

第三，探讨中国数字企业海外生态系统的构建机制，以及如何克服生态构建过程中的多重劣势。在海外市场构建生态系统是数字企业国际化扩张的核心战略，但学术界对其微观机制和过程仍缺乏理解（Parente 等，2018；Zeng 等，2019；Rong 等，2022）。由于制度距离、文化差异、企业资源约束以及监管歧视，中国数字企业在海外市场构建生态系统面临更大挑战，如外来者劣势、局外人劣势、品牌吸引力较低、信任缺失等（Jia 等，

---

① 易靖韬、何金秋：《基于生态系统竞争优势的平台出海战略研究：基于猎豹移动轻游戏平台国际化的案例分析》，《中国软科学》2023 年第 5 期。

2018)。例如,维奇和布伦南(Vecchi 和 Brennan,2022)①在研究中国数字企业进入欧洲市场时发现,中国企业作为欧洲市场的"后来者",缺乏品牌影响力,而亚马逊和 Facebook 等竞争者已在欧洲建立成熟的生态系统,这导致中国数字企业很难吸引用户和互补者加入生态系统。因此,如何打破生态系统构建的"冷启动"挑战、与发达国家成熟生态系统开展竞争,是中国数字企业面临的重要挑战。易靖韬和何金秋(2023)对中国数字平台企业在海外构建生态系统、克服局外人劣势的过程进行研究,认为构建生态系统需要企业充分了解东道国制度和文化环境,根据当地用户偏好不断创新产品(本土化定制能力),通过外部化网络关系与当地用户和其他参与者共同创造价值。在现实中,一些领先的中国数字企业已在海外成功构建生态系统,如字节跳动旗下 TikTok 已成为全球领先的短视频社交平台,阿里巴巴在东南亚构建了领先的电子商务生态系统,这些生态系统的构建过程值得学术界研究。未来研究可以结合生态系统理论探究以下问题:中国数字企业在海外构建生态系统面临哪些挑战? 不同挑战如何影响企业的生态系统构建? 企业如何克服多重挑战,吸引用户、互补者和其他合作伙伴加入生态系统? 如何与海外合作伙伴进行持续互动、协调、资源编排和关系维持? 如

① Vecchi,A.,Brennan,L.,"Two Tales of Internationalization—Chinese Internet Firms' Expansion into the European Market",*Journal of Business Research*,Vol.152,2022,pp.106—127.

何对生态系统进行有效治理？随着时间的推移，企业构建和治理生态系统的动态演化过程是什么？

第四，揭示中国数字企业国际化扩张的动态过程及其机制。首先，虽然数字企业能以更快的速度实现国际化，但其国际化也是一个动态演化过程。当前研究较少关注中国数字企业国际化如何随着时间的推移而动态演化，以及动态演化背后的关键机制和战略。例如，TikTok 国际化首先通过多次跨国并购获取海外初始用户，再通过移植母公司成熟产品和技术吸引新用户加入平台，之后根据当地数字市场环境差异调整经营战略（包括商业模式、产品功能、与当地互补者的合作模式等）；近年来，TikTok 又开始实施多元化战略，进入电商领域，构建新的数字生态系统。未来研究可以采用纵向的案例研究方法揭示中国数字企业国际化的动态过程及其机制。其次，早期开展国际化的中国数字企业（如阿里巴巴）和新近企业（如字节跳动）在过程机制方面存在差异（Vecchi 和 Brennan，2022）①。例如，早期企业主要遵循传统国际化过程理论，先在国内市场发展壮大，再通过循序渐进方式逐渐向海外市场扩张，依靠试错学习、商业模式创新和本土化逐渐调整国际化战略。然而，新近企业从诞生之日就开始向海外市场扩张，并凭借先进的数字技术（如人工智

---

① Vecchi, A., Brennan, L., "Two Tales of Internationalization−Chinese Internet Firms' Expansion into the European Market", *Journal of Business Research*, Vol.152, 2022, pp.106−127.

能算法)优势直接面向东道国用户、合作伙伴和互补者。因此,未来研究可以对中国数字企业进行分类研究,比较不同类型、不同阶段企业之间的差异性。

第四节　国际化环境的复杂性

中国数字企业国际化面临独特的制度、文化和数字监管环境,特别是在当前逆全球化、数字监管趋紧背景下,一些发达国家将中国视为战略竞争者,利用数字监管歧视、数字霸权主义等手段对中国数字企业进行遏制,导致企业面临显著的制度风险与合法性挑战。未来研究可以探究全球数字监管复杂性对中国数字企业国际化的影响机制及其应对战略。例如,当前世界各国都高度重视数字经济,相继出台相关法律、法规和监管政策,如隐私保护、数据跨境流动限制、数字市场准入等(马述忠等,2023)[①]。然而,由于不同国家的政治、法律、文化、数字市场发展水平存在显著差异,各国数字监管政策也呈现多元化、差异化甚至相互冲突的特征。例如,美国数字监管政策更偏向于自由主义,鼓励创新和市场化发展,但也会对特定国家的企业实施严格监管。相比之下,欧盟数字监管更强调个人隐私保护和数据

[①]　马述忠、吴鹏、房超:《东道国数据保护是否会抑制中国电商跨境并购》,《中国工业经济》2023 年第 2 期。

安全,2016 年颁布的《通用数据保护法案》高度重视隐私保护。此外,尽管东道国数字监管对所有跨国企业都产生影响,但由于中国与发达国家在制度、文化、市场等方面存在显著差异,中国数字企业在发达国家面临的监管复杂性和歧视尤为突出。

为了应对数字监管复杂性,中国数字企业需重视数字合规治理,提升合规治理能力,在充分了解不同国家监管政策和法规的基础上制定治理战略,满足不同国家在隐私保护、跨境数据流动等方面的监管要求。未来研究可以进一步探究以下问题:全球数字监管复杂性的表现和维度有哪些? 不同国家的数字监管差异如何影响中国数字企业国际化? 中国数字企业面临哪些监管歧视? 企业如何应对监管复杂性和歧视带来的合法性挑战?如何开展数字合规治理,根据不同国家的数字监管差异调整合规战略?

第五节　中国情境下的理论检验和构建

数字企业国际化对传统国际商务理论提出了挑战,但已有研究主要基于发达国家数字企业。一方面,中国数字企业与其他国家数字企业具有共性特征,需要对已有理论进行验证和继承;另一方面,中国情境的特殊性(如独特的母国情境和企业特征)可能导致已有理论不能完全解释中国数字企业国际化,需要对已有理论进行扩展。

第一,在中国情境下检验已有理论。虽然中国数字企业与发达国家企业存在显著差异,但不必然意味着已有理论无法解释中国数字企业。例如,内部化理论和外部化逻辑对中国数字企业同样具有较强的解释力,即一方面中国数字企业将母公司技术优势(如人工智能算法)内部化到海外市场;另一方面也高度依赖东道国当地用户和互补者;网络理论同样能够解释以阿里巴巴、腾讯、字节跳动为代表的中国数字平台企业的国际化战略。因此,未来研究首先可以利用已有理论解释中国数字企业国际化现象,对已有理论的适用性进行检验。

第二,在中国情境下深化和扩展已有理论,构建基于中国情境的新理论。中国情境的独特性为拓展已有理论提供了机遇。例如,国内超大规模市场优势和制度优势有助于扩展 OLI 理论。传统 OLI 理论主要关注企业内部优势和东道国区位优势,但很少关注企业"母国"带来的优势。中国数字企业国际化起步较晚,缺乏异质性资源和能力,却能够快速实现国际化扩张,OLI 理论难以解释这一独特现象。对此,贾等(Jia,2018)①认为,中国数字企业国际化的优势不仅来自企业内部,还来源于母国优势。因此,未来研究可以在 OLI 基础上提出"H-OLI"框架,突

① Jia,L.,"Going Public and Going Global:Chinese Internet Companies and Global Finance Networks",*Westminster Papers in Communication and Culture*,Vol.13,No.1,2018,pp.17-36.

出母国(Home Country)优势的重要性。

第三,引入基于新兴市场跨国企业的情境化理论研究中国数字企业国际化。当前研究已经通过丰富的理论视角研究数字企业国际化,但这些理论主要基于发达国家情境。事实上,国际商务学者已经针对新兴市场跨国企业的独特性提出了多种理论,如 LLL 框架(Mathews,2006)[1]、跳板理论(Luo 和 Tung,2007)[2]、组合跳板(Li 等,2022)[3]。跳板理论认为新兴市场跨国企业将国际化作为战略资产获取、减弱母国制度约束、提升企业核心能力、实现更高水平全球化发展的"跳板",从而克服后发劣势和能力缺失,快速实现全球化发展。根据跳板理论,新兴市场跨国企业国际化的过程路径包括内向国际化、激进的对外直接投资、将东道国能力转移到母国、以母国为中心的能力升级、更强能力的全球化五个阶段。跳板理论能够较好解释部分中国数字企业的国际化战略和路径。例如,腾讯在游戏领域的全球化发展遵循跳板理论的五个阶段:先借助国内市场和内向国际化发展壮大,再通过跨国并购获取海外研发资源和优质品

---

① Mathews J.A.,"Dragon Multinationals:New Players in 21st Century Globalization",*Asia Pacific Journal of Management*,2006,Vol.23,2006,pp.5-27.

② Luo Y.,Tung R.L.,"International Expansion of Emerging Market Enterprises:A Springboard Perspective",*Journal of International Business Studies*,Vol.38,2007,pp.481-498.

③ Li,F.,Chen,Y.,Ortiz,J.,et al.,"The Theory of Multinational Enterprises in the Digital Era:State-of-the-Art and Research Priorities",*International Journal of Emerging Markets.*,Vol.19,No.2,2022,pp.390-411.

牌,并将其引入国内市场,不断升级企业能力,最终实现更高水平的走出去。未来研究可以将情境化理论引入中国数字企业国际化研究,扩展已有理论的应用场景和边界。

结　语

当今世界已经进入数字全球化时代。数字企业在全球范围内的快速成长和扩张已成为当前国际商务领域的重要现象,也是在逆全球化和全球经济增速放缓背景下推动经济全球化发展的重要力量。在国际商务领域,数字企业国际化正在深刻重构由传统跨国企业定义的企业国际化战略、轨迹、规则、模式和理论体系,亟须理论界针对数字企业国际化开展理论探索和创新。同时,中国情境的特殊性也为扩展基于发达国家企业的理论体系提供了有益补充,为构建中国特色的数字企业国际化理论提供了肥沃土壤。本书对数字企业国际化现象进行系统性的理论研究和实践探索,系统归纳数字企业国际化的基本理论内涵,探讨国家间数字环境差异对数字企业国际化的影响机制及其应对策略,归纳数字企业国际化的典型战略,并从人工智能、新型全球化以及中国情境等方面对未来研究进行展望。

本书的理论贡献包括四个方面:一是构建数字企业国际化

整合性研究框架,对当前理论研究进展和实践发展进行整合,展示数字企业国际化研究的知识图谱。虽然越来越多的学者开始关注数字企业国际化现象,但相关研究仍存在内容碎片化、理论视角单一、研究结论不一致等不足。本书对数字企业国际化现象进行系统性研究,归纳数字企业国际化的基本理论、环境特征、国际化战略以及未来发展趋势。

二是从数字技术和数字企业的独特性角度系统归纳数字企业国际化对传统国际商务理论的扩展和重构,扩展了传统国际商务理论的边界。尽管学术界普遍认为数字企业国际化对传统国际商务理论提出了挑战,但大多数文献主要关注某一特定理论和特定维度,缺乏系统性研究。本书系统归纳数字企业国际化对六种典型国际商务理论(内部化理论、OLI 理论、国际化过程理论、网络理论、资源基础观、制度理论)的扩展,有助于推动数字经济与国际商务理论的融合发展,拓展已有理论的边界和情境。

三是提出数字经济时代国家间环境差异的新维度,即"数字环境差异"(数字距离),并探讨数字环境差异对数字企业国际化的影响机制与应对战略。在数字经济时代,国家间的环境差异也在发生"数字化变革",不断涌现的数字技术差异、数字基础设施差异、数字监管差异和数字市场差异成为影响企业国际化的新因素,并与传统制度距离、文化差异、经济距离等交织迭代,共同影响企业国际化。本书认为,数字环境差异对数字企业国际化的影响是深刻和全面的,如企业的合法性、数字资源和能力转移、子公司数字治理等。数字企业可以采取三类策略应对数字环境差异带来的挑战:适应环境(数字本土化)、选择环境(目标东道国选择和目标群体选择)和重塑环境(数字创业)。

四是归纳数字企业国际化的典型战略,包括生态系统战略、资源编排战略和低股权并购战略。首先,构建数字生态系统是数字企业国际化的重要战略。不同于已有研究主要关注数字企业如何借助东道国资源构建生态系统,本书关注数字企业如何通过"母国生态链接"构建海外生态,为克服生态整合劣势提供了新路径(Rong 等,2022)①。其次,资源编排战略是数字企业进入东道国市场后的重要战略,有助于企业将自身拥有的数字资源与东道国互补性资源进行有效整合,进而充分发挥企业数字资源的价值。事实上,很多数字企业虽然拥有领先的数字资源(如先进的人工智能技术、数据资产),但国际化仍以失败告终,究其原因是无法将自身拥有的数字资源与东道国互补性资源进行整合。因此,资源编排战略为数字企业提升国际化竞争优势提供了可行路径。低股权并购战略是数字企业进入海外市场的一种重要模式;不同于传统高股权并购,低股权并购为数字企业进入海外市场提供了灵活、低成本和生态化的进入模式,能

---

① Rong, K., Kang, Z., Williamson, P.J., "Liability of Ecosystem Integration and Internationalisation of Digital Firms", *Journal of International Management*, Vol. 28, No. 4, 2022, p. 100939.

够快速获得东道国互补性资源。

本书也对中国数字企业国际化具有实践启示意义。第一，中国数字企业可以充分借助母国超大规模市场优势和资源禀赋，首先在国内积累知识、技术和经验，不断实验、升级和迭代产品，之后再进入海外市场，降低国际化风险。第二，在扩张战略方面，中国数字企业可以通过生态系统战略、资源编排战略、低股权跨国并购战略实现全球化扩张，与多元利益相关者建立广泛连接，实现价值共创。第三，中国数字企业需关注全球数字环境的复杂性和多样性，快速学习不同国家的数字制度环境、数字技术环境和数字市场环境，通过适应环境、选择环境和重塑环境三种基本战略应对国家间数字环境差异带来的挑战，降低国际化风险。此外，在人工智能与新型全球化叠加背景下，中国数字企业一方面要抓住人工智能技术带来的机遇，加大人工智能技术研发和产品开发，另一方面也需要重视人工智能技术带来的负面影响，并时刻关注逆全球化、绿色全球化和全球治理体系变革等全球治理变化带来的挑战。

最后，本书也呼吁国内学者加快数字企业国际化研究，提升中国在相关领域的理论话语权，为中国数字企业国际化发展提供理论启示和实践智慧。

附　表　数字企业国际化相关文献

序号	作者（年份）	题目	发表期刊
1	Drori 等（2024）	The Impact of Digitalization on Internationalization from an Internalization Theory Lens	*Long Range Planning*
2	Weng 等（2024）	Platform Success in the International Marketplace：Reconfiguring Digital Resources for Marketing Agility	*International Marketing Review*
3	García – Canal 等（2024）	Catch Me If You Can：A Simulation Model of the Internationalization of Digital Platforms	*Information and Organization*
4	许晖等（2024）	天生全球化数字企业：概念内涵、理论基础与快速扩张机制	《研究与发展管理》
5	Mihailova（2023）	Business Model Adaptation for Realized International Scaling of Born–digitals	*Journal of World Business*
6	Mithani（2023）	Scaling Digital and Non – digital Business Models in Foreign Markets：The Case of Financial Advice Industry in the United States	*Journal of World Business*

序号	作者（年份）	题目	发表期刊
7	Lo 等（2023）	The Pace of International Expansion for Digital Multinational Enterprises	*Technological Forecasting & Social Change*
8	Galkina 等（2023）	Networks of Internationalizing Digital Platforms in Physical Place and Digital Space	*Global Strategy Journal*
9	Bhandari 等（2023）	Digitalization, Internationalization, and Firm Performance：A Resource – orchestration Perspective on New OLI Advantages	*International Business Review*
10	Meyer 等（2023）	International Business in the Digital Age：Global Strategies in a World of National Institutions	*Journal of International Business Studies（JIBS）*
11	许晖等（2023）	生而全球化：基于海外用户洞察的数字产品开发机制研究	《管理学报》
12	易靖韬、何金秋（2023）	基于生态系统竞争优势的平台出海战略研究：基于猎豹移动轻游戏平台国际化的案例分析	《中国软科学》
13	Stallkamp 等（2023）	Boots on the Ground：Foreign Direct Investment by Born Digital Firms	*Global Strategy Journal*
14	Luo 和 Zahra（2023）	Industry 4.0 in International Business Research	*JIBS*
15	Cha 等（2023）	Reshaping Internationalization Strategy and Control for Global E–Commerce and Digital Transactions：A Hayekian Perspective	*Management International Review*
16	Cumming 等（2023）	E – commerce Policy and International Business	*Management International Review*
17	Lee 等（2023）	E – commerce Policy Environment, Digital Platform, and Internationalization of Chinese New Ventures：The Moderating Effects of Covid – 19 Pandemic	*Management International Review*

序号	作者（年份）	题目	发表期刊
18	Feliciano‑Cestero 等（2023）	Is Digital Transformation Threatened? A Systematic Literature Review of the Factors Influencing Firms' Digital Transformation and Internationalization	*Journal of Business Research*
19	Yi 等（2023）	Ecosystem Social Responsibility in International Digital Commerce	*JIBS*
20	Stallkamp 等（2022）	Scaling, Fast and Slow: The Internationalization of Digital Ventures	*Journal of Business Research*
21	Chen 等（2022）	Externalization in the Platform Economy: Social Platforms and Institutions	*JIBS*
22	Shaheer 等（2022）	Internationalization of Digital Innovations: A Rapidly Evolving Research Stream	*Journal of International Management*
23	Luo（2022a）	New Connectivity in the Fragmented World	*JIBS*
24	Luo（2022b）	A General Framework of Digitization Risks in International Business	*JIBS*
25	Brouthers 等（2022）	Charting New Courses to Enter Foreign Markets: Conceptualization, Theoretical Framework, and Research Directions on Non‑traditional Entry Modes	*JIBS*
26	Hennart（2022）	How Much is New in Brouthers et al.'s New Foreign Entry Modes, and Do They Challenge the Transaction Cost Theory of Entry Mode Choice?	*JIBS*
27	Rong 等（2022）	Liability of Ecosystem Integration and Internationalisation of Digital Firms	*Journal of International Management*
28	Birkinshaw（2022）	Move Fast and Break Things: Reassessing IB Research in the Light of the Digital Revolution	*Global Strategy Journal*
29	Bhatti 等（2022）	The Impact of Industry 4.0 on the 2017 Version of the Uppsala Model	*International Business Review*

序号	作者（年份）	题目	发表期刊
30	Nambisan（2022）	Digital Innovation and International Business	*Innovation*
31	Vecchi 和 Brennan（2022）	Two Tales of Internationalization—Chinese Internet Firms' Expansion into the European Market	*Journal of Business Research*
32	Nambisan 和 Luo（2022）	The Digital Multinational：Navigating the New Normal in Global Business	*MIT Press*
33	Li 等（2022a）	Digital Platform Attention and International Sales：An Attention-based View	*JIBS*
34	Li 等（2022b）	The Theory of Multinational Enterprises in the Digital Era：State-of-the-art and Research Priorities	*International Journal of Emerging Markets*
35	Gabrielsson 等（2022）	Accelerated Internationalization Among Inexperienced Digital Entrepreneurs：Toward a Holistic Entrepreneurial Decision-making Model	*Management International Review*
36	Ahi 等（2022）	Advanced Technologies and International Business：A Multidisciplinary Analysis of the Literature	*International Business Review*
37	Stallkamp 和 Schotter（2021）	Platforms Without Borders? The International Strategies of Digital Platform Firms	*Global Strategy Journal*
38	Verbeke 和 Hutzschenreuter（2021）	The Dark Side of Digital Globalization	*Academy of Management Perspectives*
39	Autio 等（2021）	Digitalization and Globalization in a Turbulent World：Centrifugal and Centripetal Forces	*Global Strategy Journal*
40	Nambisan 和 Luo（2021）	Toward a Loose Coupling View of Digital Globalization	*JIBS*
41	Kozlenkova 等（2021）	Sharing Economy：International Marketing Strategies	*JIBS*

序号	作者（年份）	题目	发表期刊
42	Ma 和 Hu（2021）	Business Model Innovation and Experimentation in Transforming Economies：ByteDance and TikTok	*Management and Organization Review*
43	邬爱其等（2021）	跨境数字平台参与、国际化增值行为与企业国际竞争优势	《管理世界》
44	徐美娜、夏温平（2021）	数字跨国公司对外投资的进入与扩张决定：平台型数字企业集聚的分析视角	《世界经济研究》
45	Tolstoy 等（2021）	The Development of International E-commerce in Retail SMEs：An Effectuation Perspective	*Journal of World Business*
46	Pérez - Pérez 等（2021）	New Puppets in the Old School：The Applicability of Traditional Internationalisation Theories in the Sharing Economy	*Administrative Sciences*
47	Monaghan 等（2020）	Born Digitals：Thoughts on Their Internationalization and a Research Agenda	*JIBS*
48	Shaheer 等（2020）	Revisiting Location in a Digital Age：How Can Lead Markets Accelerate the Internationalization of Mobile Apps?	*Journal of International Marketing*
49	Shaheer 和 Li（2020）	The CAGE Around Cyberspace? How Digital Innovations Internationalize in a Virtual World	*Journal of Business Venturing*
50	Cahen 和 Borini（2020）	International Digital Competence	*Journal of International Management*
51	Piqueras（2020）	Digital Internationalizing Firms（dif's）：A Systematic Literature Review and Future Research Agenda	*Piccola Impresa/Small Business*
52	Williams 等（2020）	International Orientation of Chinese Internet SMEs：Direct and Indirect Effects of Foreign and Indigenous Social Networking Site Use	*Journal of World Business*

序号	作者（年份）	题目	发表期刊
53	Marano 等（2020）	The Liability of Disruption	*Global Strategy Journal*
54	Vadana 等（2020）	Digitalization of Companies in International Entrepreneurship and Marketing	*International Marketing Review*
55	Chen 等（2019）	The International Penetration of Ibusiness Firms：Network Effects，Liabilities of Outsidership and Country Clout	*JIBS*
56	Vadana 等（2019）	The Internationalization of Born - digital Companies	*Palgrave Macmillan*
57	Nambisan 等（2019）	Global Platforms and Ecosystems：Implications for International Business Theories	*JIBS*
58	Banalieva 和 Dhanaraj（2019）	Internalization Theory for the Digital Economy	*JIBS*
59	Hennart（2019）	Digitalized Service Multinationals and International Business Theory	*JIBS*
60	Li 等（2019）	Ecosystem - specific Advantages in International Digital Commerce	*JIBS*
61	Zeng 等（2019）	The Emergence of Multi-sided Platform MNEs：Internalization Theory and Networks	*International Business Review*
62	Parente 等（2018）	The Sharing Economy Globalization Phenomenon：A Research Agenda	*Journal of International Management*
63	詹晓宁、欧阳永福（2018）	数字经济下全球投资的新趋势与中国利用外资的新战略	《管理世界》
64	Ojala 等（2018）	Extending the International New Venture Phenomenon to Digital Platform Providers：A Longitudinal Case Study	*Journal of World Business*
65	Müllner 和 Filatotchev（2018）	The Changing Face of International Business in the Information Age	*Emerald Publishing Limited*

序号	作者(年份)	题目	发表期刊
66	Vendrell – Herrero 等(2018)	Selling Digital Services Abroad: How Do Extrinsic Attributes Influence Foreign consumers' Purchase Intentions?	*International Business Review*
67	Uzunca 等(2018)	Sharing and Shaping: A Cross-country Comparison of How Sharing Economy Firms Shape Their Institutional Environment to Gain Legitimacy	*Academy of Management Discoveries*
68	Hannibal 和 Knight(2018)	Additive Manufacturing and the Global Factory: Disruptive Technologies and The Location of International Business	*International Business Review*
69	Coviello 等 (2017)	Adapting the Uppsala Model to a Modern World: Macro – context and Microfoundations	*JIBS*
70	Strange 和 Zucchella(2017)	Industry 4.0, Global Value Chains and International Business	*Multinational Business Review*
71	Schu 和 Morschett (2017)	Foreign Market Selection of Online Retailers—A Path–dependent Perspective on Influence Factors	*International Business Review*
72	Yonatany(2017)	Platforms, Ecosystems, and the Internationalization of Highly Digitized Organizations	*Journal of Organization Design*
73	Brouthers 等 (2016)	Explaining the Internationalization of Ibusiness Firms	*JIBS*
74	Alcácer 等 (2016)	Internationalization in the Information Age: A New Era for Places, Firms, and International Business Networks?	*JIBS*
75	Schu 等(2016)	Internationalization Speed of Online Retailers: A Resource – based Perspective on the Influence Factors	*Management International Review*
76	Autio 和 Zander (2016)	Lean Internationalization	*Academy of Management Proceedings*

序号	作者（年份）	题目	发表期刊
77	Tran 等（2016）	Crowdsourced Translation for Rapid Internationalization in Cyberspace：A Learning Perspective	*International Business Review*
78	Wentrup（2016）	The Online－offline Balance：Internationalization for Swedish Online Service Providers	*Journal of International Entrepreneurship*
79	Agarwal 和 Wu（2015）	Factors Influencing Growth Potential of E－commerce in Emerging Economies：An Institution－based N－OLI Framework and Research Propositions	*Thunderbird International Business Review*

参考文献

［1］柴宇曦、张洪胜、马述忠:《数字经济时代国际商务理论研究:新进展与新发现》,《国外社会科学》2021年第1期。

［2］陈衍泰、厉婧、程聪、戎珂:《海外创新生态系统的组织合法性动态获取研究——以"一带一路"海外园区领军企业为例》,《管理世界》2021年第8期。

［3］杜晓君、杨勃、齐朝顺、肖晨浩:《外来者劣势的克服机制:组织身份变革——基于联想和中远的探索性案例研究》,《中国工业经济》2015年第12期。

［4］范柏乃、盛中华:《数字风险治理:研究脉络、理论框架及未来展望》,《管理世界》2024年第8期。

［5］蒋殿春、唐浩丹:《数字型跨国并购:特征及驱动力》,《财贸经济》2021年第9期。

［6］焦豪、杨季枫、应瑛:《动态能力研究述评及开展中国情境化研究的建议》,《管理世界》2021年第5期。

［7］李会军、席酉民、葛京:《松散耦合研究对协同创新的启示》,《科学学与科学技术管理》2015年第12期。

［8］林新奇、石嘉伟：《数字经济与管理变革的关系：研究述评及其展望》，《北京科技大学学报（社会科学版）》2022 年第 4 期。

［9］刘飞、简兆权、毛蕴诗：《动态能力的界定、构成维度与特性分析》，《暨南学报（哲学社会科学版）》2010 年第 4 期。

［10］刘云、Wang G.Greg：《基于评价者视角的组织合法性研究：合法性判断》，《外国经济与管理》2017 年第 5 期。

［11］马述忠、吴鹏、房超：《东道国数据保护是否会抑制中国电商跨境并购》，《中国工业经济》2023 年第 2 期。

［12］王冰、毛基业、苏芳：《从科层制组织到企业级生态系统——非预设性变革的过程研究》，《管理世界》2022 年第 5 期。

［13］王凤彬、张雪：《用纵向案例研究讲好中国故事：过程研究范式、过程理论化与中西对话前景》，《管理世界》2022 年第 6 期。

［14］王节祥、陈威如、江诗松、刘双：《平台生态系统中的参与者战略：互补与依赖关系的解耦》《管理世界》2021 年第 2 期。

［15］王节祥、陈威如：《平台演化与生态参与者战略》，《清华管理评论》2019 年第 12 期。

［16］王永贵、汪淋淋、李霞：《从数字化搜寻到数字化生态的迭代转型研究——基于施耐德电气数字化转型的案例分析》，《管理世界》2023 年第 8 期。

［17］魏江、王颂等：《企业创新生态系统》，机械工业出版社 2023 年版。

［18］邬爱其、刘一蕙、宋迪：《跨境数字平台参与、国际化增值行为与企业国际竞争优势》，《管理世界》2021 年第 9 期。

［19］肖红军、李平：《平台型企业社会责任的生态化治理》，《管理世界》2019 年第 4 期。

［20］徐美娜、夏温平：《数字跨国公司对外投资的进入与扩张决定：平台型数字企业集聚的分析视角》，《世界经济研究》2021 年第 12 期。

［21］许晖、孙懿、周琪：《新"品牌"故事：数字企业快速国际化进程中价值创造机制研究》,《华东师范大学学报(哲学社会科学版)》2023 年第5 期。

［22］杨勃、刘娟：《颠覆性环境下的组织身份变革与战略变革——比较研究及整合框架构建》,《商业研究》2020 年第5 期。

［23］易靖韬、何金秋：《基于生态系统竞争优势的平台出海战略研究：基于猎豹移动轻游戏平台国际化的案例分析》,《中国软科学》2023 年第5 期。

［24］詹晓宁、欧阳永福：《数字经济下全球投资的新趋势与中国利用外资的新战略》,《管理世界》2018 年第3 期。

［25］张青、华志兵：《资源编排理论及其研究进展述评》,《经济管理》2020 年第9 期。

［26］Adner, Ron, Rahul Kapoor., "Value Creation in Innovation Ecosystems: How the Structure of Technological Interdependence Affects Firm Performance in New Technology Generations", *Strategic Management Journal*, Vol.31, No.3, 2010.

［27］Ahi, A. A., Sinkovics, N., Shildibekov, Y., Sinkovics, R., Mehandjiev, N., "Advanced Technologies and International Business: A Multidisciplinary Analysis of the Literature". *International Business Review*, Vol.31, No.4, 2022.

［28］Alcácer, J., Cantwell, J., Piscitello, L., "Internationalization in the Information Age: A new Era for Places, Firms, and International Business Networks?", *Journal of International Business Studies*, Vol.47, No.5, 2016.

［29］Al-Samawi, Y. A., "Digital Firm: Requirements, Recommendations, and Evaluation the Success in Digitization", *International Journal of Information Technology and Computer Science*, Vol.11, No.1, 2019.

［30］Amit R., Zott C., "Value Creation in E-business", *Strategic Man-

agement Journal, Vol.22, 2001.

[31] Asmussen C. G., Goerzen A., " Unpacking Dimensions of Foreignness: Firm - specific Capabilities and International Dispersion in Regional, Cultural, and Institutional Space", *Global Strategy Journal*, Vol.3, No. 2, 2013.

[32] Augier M., Teece D. J., "Strategy as Evolution with Design: The Foundations of Dynamic Capabilities and the Role of Managers in the Economic System", *Organization Studies*, Vol.29, No.8−9, 2008.

[33] Autio, E., Mudambi, R., Yoo, Y., "Digitalization and Globalization in a Turbulent World: Centrifugal and Centripetal Forces", *Global Strategy Journal*, Vol.11, No.1, 2021.

[34] Autio, E., Nambisan, S., Thomas, L., Wright, M., " Digital Affordances, Spatial Affordances, and the Genesis of Entrepreneurial Ecosystems", *Strategic Entrepreneurship Journal*, Vol.12, No.1, 2018.

[35] Autio, E., Zander, I., "Lean Internationalization", *Academy of Management Proceedings*, No.1, 2016.

[36] Banalieva, E. R., Dhanaraj, C., " Internalization Theory for the Digital Economy", *Journal of International Business Studies*, Vol. 50, No. 8, 2019.

[37] Barney J., "Firm Resources and Sustained Competitive Advantage", *Journal of Management*, Vol.17, No.1, 1991.

[38] Bearman, M., Smith, C. D., Carbone, A., et al., "Systematic Review Methodology in Higher Education ", *Higher Education Research & Development*, Vol.31, No.5, 2012.

[39] Bhatti, W. A., Vahlne, J. E., Glowik, M., et al., "The Impact of Industry 4.0 on the 2017 Version of the Uppsala Model", *International Business Review*, Vol.31, No.4, 2022.

［40］Birkinshaw，J.，"Move Fast and Break Things：Reassessing IB Research in the Light of the Digital Revolution"，*Global Strategy Journal*，Vol. 12，No.4，2022．

［41］Brouthers，K.D.，Chen，L.，Li S.，et al."Charting New Courses to Enter Foreign Markets：Conceptualization，Theoretical Framework，and Research Directions on Non-traditional Entry Modes"，*Journal of International Business Studies*，Vol.53，No.12，2022．

［42］Brouthers，K.D.，Geisser，K.D，Rothlauf，F.，"Explaining the Internationalization of Ibusiness Firms"，*Journal of International Business Studies*，2016，Vol.47，No.5．

［43］Cahen，F.，Borini，F. M.，"International Digital Competence"，*Journal of International Management*，Vol.26，No1，2020．

［44］Cantwell，J.，"Revisiting International Business Theory：A Capabilities-Based Theory of the MNE"，*Journal of International Business Studies*，Vol.45，No.1，2014．

［45］Cantwell，J.，Dunning，J. H.，Lundan，S. M.，"An Evolutionary Approach to Understanding International Business Activity：The Co-evolution of MNEs and the Institutional Environment"，*Journal of International Business Studies*，Vol.41，No.4，2010．

［46］Carlsson，Bo.，"The Digital Economy：What is New and What is not?"，*Structural Change and Economic Dynamics*，Vol.15，No.3，2004．

［47］Cha，H.，Kotabe，M.，Wu，J.，"Reshaping Internationalization Strategy and Control for Global E-Commerce and Digital Transactions：A Hayekian Perspective"，*Management International Review*，Vol.63.No.1，2023，pp.161-192．

［48］Chen D.，Yu X.，Zhang Z."Foreign Direct Investment Comovement and Home Country Institutions"，*Journal of Business Research*，Vol. 2，No.

95,2019.

[49]Chen L.,Li S.,Wei J.,et al.,"Externalization in the Platform Economy:Social Platforms and Institutions",*Journal of International Business Studies*,Vol.53,No.10,2022.

[50]Chen,L.,Shaheer,N.,Yi,J.,et al.,"The International Penetration of Ibusiness Firms:Network Effects,Liabilities of Outsidership and Country Clout",*Journal of International Business Studies*,Vol.50,No.2,2019.

[51]Coviello,N.,Kano,L.,Liesch,P.W.,"Adapting the Uppsala Model to a Modern World:Macro-context and Microfoundations",*Journal of International Business Studies*,Vol.48,No.9,2017.

[52]Cuervo-Cazurra A.,Genc M.,"Transforming Disadvantages into Advantages:Developing Country MNEs in the Least Developed Countries",*Journal of International Business Studies*,Vol.39,2008.

[53]Cumming,D.,Johan,S.,Khan,Z.,et al.,"E-Commerce Policy and International Business",*Management International Review*,Vol.63,No.1,2023.

[54]De Vasconcelos Gomes L.A.,Facin A.L.F.,Salerno M.S.,et al.,"Unpacking the Innovation Ecosystem Construct:Evolution,Gaps and Trends",*Technological Forecasting and Social Change*,Vol.136,2018.

[55]Díez-Martín F.,Blanco-González A.,Diez-de-Castro E.,"Measuring a Scientifically Multifaceted Concept.The Jungle of Organizational Legitimacy",*European Research on Management and Business Economics*,Vol.27,No.1,2021.

[56]DiMaggio P.J.,Powell W.W.,"The Iron Cage Revisited:Institutional Isomorphism and Collective Rationality in Organizational Fields",*American Sociological Review*,Vol.48,No.2,1983.

[57]Dunning,J.H.,Wymbs,C.,"The Challenge of Electronic Markets

for International Business Theory", *International Journal of The Economics of Business*, *Vol.*8, No.2, 2001.

[58] Dunning, J.H., "Location and The Multinational Enterprise: A Neglected Factor?", *Journal of International Business Studies*, Vol.29, No.1, 1988, pp.45-66.

[59] Dunning, J.H., "Toward an Eclectic Theory of International Production: Some Empirical Tests", *Journal of International Business Studies*, Vol.11, No.1, 1980.

[60] Dunning, John H., Sarianna M. Lundan., *Multinational Enterprises and the Global Economy*, Edward Elgar Publishing, 2008.

[61] Dutton J.E., Dukerich J.M., "Keeping An Eye on the Mirror: Image and Identity in Organizational Adaptation", *Academy of Management Journal*, Vol.34, No.3, 1991.

[62] Egels - Zandén N., "Responsibility Boundaries in Global Value Chains: Supplier Audit Prioritizations and Moral Disengagement Among Swedish Firms", *Journal of Business Ethics*, Vol.146, 2017.

[63] Floridi, Luciano., "Translating Principles into Practices of Digital Ethics: Five Risks of being Unethical", *Philosophy & Technology*, Vol.32, No.2, 2019.

[64] Galkina T., Atkova I., Ciulli F., "Networks of Internationalizing Digital Platforms in Physical Place and Digital Space", *Global Strategy Journal*, Vol.13, No.4, 2023.

[65] Gama F., Magistretti S., "Artificial Intelligence in Innovation Management: A Review of Innovation Capabilities and A Taxonomy of AI Applications", *Journal of Product Innovation Management*, Vol.42, No.1, 2025.

[66] García-Cabrera A.M., Durán-Herrera J.J., "MNEs as Institutional Entrepreneurs: A Dynamic Model of the Co-evolutionary Process", *European*

Management Journal, Vol.34, No.5, 2016.

［67］Gaur, A.S., Ma, X., Ding, Z., "Home Country Supportiveness/Unfavorableness and Outward Foreign Direct Investment from China", *Journal of International Business Studies*, Vol.49, 2018.

［68］Gioia, D. A., Corley, K. G., Hamilton, A. L., "Seeking Qualitative Rigor in Inductive Research: Notes on the Gioia Methodology", *Organizational Research Methods*, Vol.16, No.1, 2013.

［69］Glassman, Robert B., "Persistence and Loose Coupling in Living Systems", *Behavioral science*, Vol.18, No.2, 1973.

［70］Granstrand, O., Holgersson, M., "Innovation Ecosystems: A Conceptual Review and A New Definition", *Technovation*, Vol.90, 2020.

［71］Greenwood, R., Suddaby, R., "Institutional Entrepreneurship in Mature Fields: the Big Five Accounting Firms", *Academy of Management Journal*, Vol.49, 2006.

［72］Gupta R., Mejia C., Kajikawa Y., "Business, Innovation and Digital Ecosystems Landscape Survey and Knowledge Cross Sharing", *Technological Forecasting and Social Change*, Vol.147, 2019.

［73］Hein, A., Schreieck, M., Riasanow, T., Setzke, D.S., Wiesche, M., Böhm, M., Krcmar, H., "Digital Platform Ecosystems", *Electronic Markets*, Vol. 30, 2020.

［74］Hennart J.F., "Upstream Vertical Integration in the Aluminum and Tin Industries: A Comparative Study of the Choice Between Market and Intrafirm Coordination", *Journal of Economic Behavior & Organization*, Vol.9, No.3, 1988.

［75］Hennart J., "Digitalized Service Multinationals and International Business Theory", *Journal of International Business Studies*, Vol. 50, No. 8, 2019.

［76］Hennart，J. F.，"Down with MNE-centric Theories! Market Entry and Expansion as the Bundling of MNE and Local Assets"，*Journal of International Business Studies*，Vol.40，No.12，2009.

［77］Hofstede G.，Bond M.H.，"The Confucius Connection：From Cultural Roots to Economic Growth"，*Organizational Dynamics*，Vol.16，No.4，1988.

［78］Hofstede，Geert.，"Dimensionalizing Cultures：The Hofstede Model in Context"，*Online Readings in Psychology and Culture*，Vol.2，No.1，2011.

［79］Holm，D.，Eriksson，K.，Johanson，J.，"Creating Value Through Mutual Commitment to Business Network Relationships"，*Strategic Management Journal*，Vol.20，No.5，1996.

［80］Jacobides，M.G.，Cennamo，C.，Gawer，A.，"Towards A Theory of Ecosystems"，*Strategic Management Journal*，Vol.39，No.8，2018.

［81］Jia，L.，"Going Public and Going Global：Chinese Internet Companies and Global Finance Networks"，*Westminster Papers in Communication and Culture*，Vol.13，No.1，2018.

［82］Johanson，J.，Vahlne，J. E.，"The Uppsala Internationalization Process Model Revisited：from Liability of Foreignness to Liability of Outsidership"，*Journal of International Business Studies*，Vol.40，No.9，2009.

［83］Jones，C.，Hesterly，W.S.，Borgatti，S.P.，"A General Theory of Network Governance：Exchange Conditions and Social Mechanisms"，*Academy of Management Review*，Vol.22，No.4，1997.

［84］Kallinikos，Ioannis，Aleksi Aaltonen，Attila Marton.，"A Theory of Digital Objects"，*First Monday*，Vol.15，No.6，2010.

［85］Kallinikos，Jannis，Aleksi Aaltonen，and Attila Marton.，"The Ambivalent Ontology of Digital Artifacts"，*MIS Quarterly*，2013，Vol.37，No.2.

［86］Kapoor K.，Bigdeli A.Z.，Dwivedi Y.K.，et al.，"A Socio-technical View of Platform Ecosystems：Systematic Review and Research Agenda"，*Jour-

nal of Business Research, Vol.128, 2021.

［87］Kolagar, M., Parida, V., Sjödin, D., "Ecosystem Transformation for Digital Servitization: A Systematic Review, Integrative Framework, and Future Research Agenda", *Journal of Business Research*, Vol.146, 2022.

［88］Kostova T., "Transnational Transfer of Strategic Organizational Practices: A Contextual Perspective", *Academy of Management Review*, Vol. 24, No.2, 1999.

［89］Kostova, T., Zaheer, S., "Organizational Legitimacy Under Conditions of Complexity: The Case of the Multinational Enterprise", *Academy of Management Review*, Vol.24, No.1, 1999.

［90］Kostova, Tatiana., *Success of the Transnational Transfer of Organizational Practices within Multinational Companies*, University of Minnesota, 1996.

［91］Kotha, S., Rindova, V.P., Rothaermel, F.T., "Assets and Actions: Firm‒specific Factors in The Internationalization of us Internet Firms", *Journal of International Business Studies*, Vol.32, No.4, 2001.

［92］Kozlenkova, I.V., Lee, J.Y., Xiang, D., et al., "Sharing Economy: International Marketing Strategies", *Journal of International Business Studies*, Vol.52, No.8, 2021.

［93］Krakowski S., Luger J., Raisch S., "Artificial Intelligence and the Changing Sources of Competitive Advantage", *Strategic Management Journal*, Vol.44, No.6, 2023.

［94］Kretschmer, T., Leiponen, A., Schilling, M., Vasudeva, G., "Platform Ecosystems as Meta - organizations: Implications for Platform Strategies", *Strategic Management Journal*, Vol.43, No.3, 2022.

［95］Lee, J.Y., Yang, Y.S., Ghauri, P.N., "E‒commerce Policy Environment, Digital Platform, and Internationalization of Chinese New Ventur: The Moderating Effects of Covid ‒ 19 Pandemic", *Management International*

Review, Vol.63, No.22, 2023.

[96] Li, F., Chen, Y., Ortiz, J., et al., "The Theory of Multinational Enterprises in the Digital Era: State-of-the-Art and Research Priorities", *International Journal of Emerging Markets.*, Vol.19, No.2, 2024.

[97] Li, J., Chen, L., Yi, J., et al., "Ecosystem-Specific Advantages in International Digital Commerce", *Journal of International Business Studies*, Vol.50, No.9, 2019.

[98] Luo Y., Tung R.L., "International Expansion of Emerging Market Enterprises: A Springboard Perspective", *Journal of International Business Studies*, Vol.38, 2007.

[99] Luo, Y(a)., "New Connectivity in The Fragmented World", *Journal of International Business Studies*, Vol.53, No.7, 2022.

[100] Luo, Y(b)., "A General Framework of Digitization Risks in International Business", *Journal of International Business Studies*, Vol. 53, No. 2, 2022.

[101] Luo, Y., Zhao, J.H., Du, J., "The Internationalization Speed of E-commerce Companies: An Empirical Analysis", *International Marketing Review*, Vol.22, No.6, 2005.

[102] Ma, Y., Hu, Y., "Business Model Innovation and Experimentation in Transforming Economies: ByteDance and TikTok", *Management and Organization Review*, Vol.17, No.2, 2021.

[103] Makadok, R., "Toward a Synthesis of the Resource-based and Dynamic-capability Views of Rent Creation", *Strategic Management Journal*, Vol.22, No.5, 2001.

[104] Marano V., Tallman S., Teegen H. J., "The Liability of Disruption", *Global Strategy Journal*, 2020, Vol.10, No.1.

[105] Marton, A., "Steps Toward a Digital Ecology: Ecological Principles

for the Study of Digital Ecosystems", *Journal of Information Technology*, Vol. 37, No.3, 2022.

[106] Mathews J A., "Dragon Multinationals: New Players in 21st Century Globalization", *Asia Pacific Journal of Management*, 2006, Vol.23.

[107] McDougall P.P., Shane S., Oviatt B.M., "Explaining the Formation of International New Ventures: The Limits of Theories from International Business Research.", *Journal of Business Venturing*, 1994, Vol.9, No.6.

[108] Meyer K.E., Li J., Brouthers K.D., "International Business in the Digital Age: Global Strategies in a World of National Institutions", *Journal of International Business Studies*, 2023, Vol.54, No.4.

[109] Meyer, John W., Brian Rowan, "Institutionalized Organizations: Formal Structure as Myth and Ceremony", *American Journal of Sociology*, Vol. 83, No.2, 1977.

[110] Mezias J.M., "How to Identify Liabilities of Foreignness and Assess their Effects on Multinational Corporations", *Journal of International Management*, Vol.8, No.3, 2002.

[111] Mihailova, I., "Business Model Adaptation for Realized International Scaling of Born – digitals", *Journal of World Business*, Vol. 58, 2023.

[112] Monaghan, S., Tippmann, E., "Becoming a Multinational Enterprise: Using Industry Recipes to Achieve Rapid Multinationalization", *Journal of International Business Studies*, Vol.49, No.4, 2018.

[113] Monaghan, S., Tippmann, E., Coviello, N., "Born Digitals: Thoughts on their Internationalization and a Research Agenda", *Journal of International Business Studies*, Vol.51, No.1, 2020.

[114] Moore, J.F., "Predators and Prey: a New Ecology of Competition", *Harvard Business Review*, Vol.71, No.3, 1993.

[115] Moore, James F., "The Rise of a New Corporate Form", *Washington Quarterly*, Vol.21, No.1, 1998.

[116] Nambisan S., Zahra S.A., Luo Y., et al., "Global Platforms and E-cosystems: Implications for International Business Theories", *Journal of International Business Studies*, Vol.50, No.9, 2019.

[117] Nambisan, S., "Digital Entrepreneurship: Toward a Digital Technology Perspective of Entrepreneurship", *Entrepreneurship Theory and Practice*, Vol.41, No.6, 2017.

[118] Nambisan, S., "Digital Innovation and International Business", *Innovation*, Vol.24, No.1, 2022.

[119] Nambisan, S., Luo, Y., "Toward a Loose Coupling View of Digital Globalization", *Journal of International Business Studies*, 52(8), 2021.

[120] Nambisan, S., Zahra, S.A., Luo, Y., "Global Platforms and Ecosystems: Implications for International Business Theories", *Journal of International Business Studies*, Vol.50, No.9, 2019.

[121] Nambisan, Satish, Mike Wright, Maryann Feldman., "The Digital Transformation of Innovation and Entrepreneurship: Progress, Challenges and Key Themes", *Research Policy*, Vol.48, No.8, 2019.

[122] North, Douglass C., "Institutions, Institutional Change and Economic Performance", *Choice Reviews Online.*, Vol.28, No.9, 1991.

[123] Oh D.S., Phillips F., Park S., et al., "Innovation Ecosystems: A Critical Examination", *Technovation*, Vol.54, 2016.

[124] Ojala, A., Evers, N., Rialp. A., "Extending the International New Venture Phenomenon to Digital Platform Providers: A longitudinal Case Study", *Journal of World Business*, Vol.53, No.5, 2018.

[125] Oliver C. "Strategic Responses to Institutional Processes", *Academy of Management Review*, Vol.16, No.1, 1991.

［126］Orton,J.Douglas,Karl E.Weick,"Loosely Coupled Systems:A Re-conceptualization",*Academy of Management Review*,Vol.15,No.2,1990.

［127］Parente,R.C.,Geleilate,J.,Rong,K.,"The Sharing Economy Globalization Phenomenon:A Research Agenda",*Journal of International Management*,Vol.24,No.1,2018.

［128］Peng,M.W.,Wang,D.Y.L.,Jiang,Y.,2008,"An Institution-Based View of International Business Strategy:A Focus on Emerging Economies",*Journal of International Business Studies*,Vol.39,No.5.

［129］Peprah A.A.,Atarah B.A.,Kumodzie-Dussey M.K.,"Nonmarket Strategy and Legitimacy in Institutionally Voided Environments:The Case of Jumia,an African E-commerce Giant",*International Business Review*,Vol.33,No.2,2024.

［130］Piqueras,S.,"Digital Internationalizing Firms（Dif's）:A Systematic Literature Review and Future Research Agenda",*Piccola Impresa/Small Business*,Vol.2,2020.

［131］Ramachandran J.,Pant A.,"The Liabilities of Origin:An Emerging Economy Perspective on the Costs of Doing Business Abroad",*The Past,Present and Future of International Business & Management*,Vol.23,No.6,2010.

［132］Regnér,Patrick,Jesper Edman.,"MNE institutional advantage:How Subunits Shape,Transpose and Evade Host Country Institutions",*Journal of International Business Studies*,Vol.45,No.3,2014.

［133］Rong,K.,Kang,Z.,Williamson,P.J.,"Liability of Ecosystem Integration and Internationalisation of Digital Firms",*Journal of International Management*,Vol.28,No.4,2022.

［134］Rong K,Ling Y.,Yang T.,Huang C.,"Cross-border Data Transfer:Patterns and Discrepancies",*Journal of International Business*

Policy, Vol.8, No.1, 2025.

[135] Salomon, Robert, Zheying Wu, "Institutional Distance and Local I-somorphism Strategy", *Journal of International Business Studies*, Vol.43, No. 4, 2012.

[136] Santos, José F.P., Peter J. Williamson., "Beyond Connectivity: Arti-ficial Intelligence and the Internationalisation of Digital Firms", *Information and Organization*, Vol.34, No.4, 2024.

[137] Schu, M., Morschett, D., "Foreign Market Selection of Online Re-tailers—A Path-dependent Perspective on Influence Factors", *International Business Review*, Vol.26, No.4, 2017.

[138] Scott, *Institutions and Organizations*, *Thousand Oaks*, CA: Sage Publication, 1995.

[139] Senyo, P.K., Liu, K., Effah, J., "Digital Business Ecosystem: Liter-ature Review and A Framework for Future Research", *International Journal of Information Management*, Vol.47, 2019.

[140] Shaheer, N. A., Li, S., "The Cage Around Cyberspace? How Digital Innovations Internationalize in a Virtual World", *Journal of Business Venturing*, Vol.35, No.1, 2020.

[141] Shaheer, N., Kim, K., Li, S., "Internationalization of Digital Inno-vations: A Rapidly Evolving Research Stream", *Journal of International Man-agement*, Vol.28, No.4, 2022.

[142] Shaheer, N., Li, S., Priem, R., "Revisiting Location in a Digital Age: How can Lead Markets Accelerate the Internationalization of Mobile Apps?", *Journal of International Marketing*, Vol.28, No.4, 2022.

[143] Siggelkow N., "Persuasion with Case Studies", *Academy of Man-agement Journal*, 2007, Vol.50, No.1, 2007.

[144] Sirmon D.G., Hitt M.A., Ireland R.D., et al., "Resource Orchestra-

tion to Create Competitive Advantage: Breadth, Depth, and Life Cycle Effects", *Journal of Management*, Vol.37, No.5, 2011.

[145] Sirmon D.G., Hitt M.A., Ireland R.D., "Managing Firm Resources in Dynamic Environments to Create Value: Looking Inside the Black Box", *Academy of Management Review*, Vol.32, No.1, 2007.

[146] Stallkamp M., Hunt R.A., Schotter A.P.J., "Scaling, Fast and Slow: The Internationalization of Digital Ventures", *Journal of Business Research*, Vol.146, 2022.

[147] Stallkamp, M., Chen, L., Li, S., "Boots on the Ground: Foreign Direct Investment by Born Digital Firms", *Global Strategy Journal*, Vol.13, No.4, 2023.

[148] Stallkamp, M., Schotter, A.P.J., "Platforms Without Borders? The International Strategies of Digital Platform Firms", *Global Strategy Journal*, Vol.11, No.1, 2021.

[149] Subramaniam, M., Iyer, B., Venkatraman, V., "Competing in Digital Ecosystems", *Business Horizons*, Vol.62, No.1, 2019.

[150] Suchman M C., "Managing legitimacy: Strategic and Institutional Approaches", *Academy of Management Review*, Vol.20, No.3, 1995, pp. 571-610.

[151] Teece D.J, "A Dynamic Capabilities-Based Entrepreneurial Theory of the Multinational Enterprise", *Journal of International Business Studies*, Vol.45, No.1, 2014.

[152] Teece, D.J., Pisano, G., Shuen, A., "Dynamic Capabilities and Strategic Management", *Strategic Management Journal*, Vol.18, No.7, 1997.

[153] Tran Y., Yonatany M., Mahnke V., "Crowdsourced Translation for Rapid Internationalization in Cyberspace: A Learning Perspective", *International Business Review*, Vol.25, No.2, 2016.

［154］Tripsas,Mary,"Technology,Identity,and Inertia Through the Lens of The Digital Photography Company", *Organization Science*, Vol. 20, No. 2,2009.

［155］Tumbas,Sanja,Nicholas Berente,Jan vom Brocke.,"Digital Innovation and Institutional Entrepreneurship:Chief Digital Officer Perspectives of their Emerging Role", *Journal of Information Technology*,Vol.33,No.3,2018.

［156］UNCTAD.,*World Investment Report* 2017:*Investment and The Digital Economy*,Geneva:United Nations Publishing,2017.

［157］Uzunca B.,Rigtering J.P.C.,Ozcan P.,"Sharing and Shaping:A Cross-Country Comparison of How Sharing Economy Firms Shape Their Institutional Environment to Gain Legitimacy", *Academy of Management Discoveries*,Vol.4,No.3,2018.

［158］Vadana,I.I.,Torkkeli,L.,Kuivalainen.O.,et al.,"Digitalization of Companies in International Entrepreneurship and Marketing", *International Marketing Review*,Vol.37,No.3,2020.

［159］Vecchi,A.,Brennan,L.,"Two Tales of Internationalization - Chinese Internet Firms' Expansion into the European Market", *Journal of Business Research*,Vol.152,2022,pp.106-127.

［160］Verbeke A.,Brugman P.,"Triple-testing the Quality of Multinationality-performance Research:An Internalization Theory Perspective", *International Business Review*,Vol.18,No.3,2009.

［161］Verbeke,A.,Hutzschenreuter,T.,"The Dark Side of Digital Globalization", *Academy of Management Perspectives*,Vol.35,No.4,2021.

［162］Verbeke,A.,Kano,L.,"The New Internalization Theory and Multinational Enterprises from Emerging Economies:A Business History Perspective", *Business History Review*,Vol.89,No.3,2015.

［163］Weick,K.E.,"Educational Organizations as Loosely Coupled Systems", *Administrative Science Quarterly*, Vol.21, 1976.

［164］Wernerfelt, B., "A Resource-based View of the Firm", *Strategic Management Journal*, Vol.5, No.2, 1984.

［165］Williamson O.E., "Credible Commitments: Using Hostages to Support Exchange", *The American Economic Review*, Vol.73, No.4, 1983.

［166］Wu, X., Gereffi, G., "Amazon and Alibaba: Internet Governance, Business Models, and Internationalization Strategies. In International Business in the Information and Digital Age", *Emerald Publishing Limited*, 2018.

［167］Xu D., Shenkar O. "Note: Institutional Distance and the Multinational Enterprise", *Academy of Management Review*, Vol.27, No.4, 2002.

［168］Yang B., Bai W., Chen Y., Rong K., "Internationalization of Digital Firms: A Systematic Review and Research Agenda", *Journal of Business Research*, Vol.189, 2025.

［169］Yonatany, M., "Platforms, Ecosystems, and the Internationalization of Highly Digitized Organizations", *Journal of Organization Design*, Vol.6, No. 1, 2017.

［170］Yoo, Y., Henfridsson, O., Lyytinen, K., "The New Organizing Logic of Digital Innovation: An Agenda for Information Systems Research", *Information Systems Research*, Vol.21, No.4, 2010.

［171］Zaheer S., "Overcoming the Liability of Foreignness", *Academy of Management Journal*, Vol.38, No.2, 1995.

［172］Zeng, J., Khan, Z., De Silva, M., "The Emergence of Multi-sided Platform MNEs: Internalization Theory and Networks", *International Business Review*, Vol.28, No.6.